# ESCOLA DA COMPLEXIDADE
# ESCOLA DA DIVERSIDADE
## PEDAGOGIA DA COMUNICAÇÃO

JUREMIR MACHADO DA SILVA

# ESCOLA DA COMPLEXIDADE ESCOLA DA DIVERSIDADE
PEDAGOGIA DA COMUNICAÇÃO

Texto de acordo com a nova ortografia.

*Capa:* Ivan Pinheiro Machado
*Preparação:* Patrícia Yurgel
*Revisão:* Mariana Donner da Costa

CIP-Brasil. Catalogação na publicação
Sindicato Nacional dos Editores de Livros, RJ

S588e

    Silva, Juremir Machado da
        Escola da complexidade, escola da diversidade: pedagogia da comunicação / Juremir Machado da Silva. – 1. ed. – Porto Alegre: L&PM, 2023.
    256 p. ; 21 cm.

    ISBN 978-65-5666-462-0

    1. Educação - Aspectos sociais. 2. Professores - Formação. 3. Prática de ensino. I. Título.

23-85872                      CDD: 370.115
                                 CDU: 37.035

Gabriela Faray Ferreira Lopes - Bibliotecária - CRB-7/6643

© Juremir Machado da Silva, 2023

Todos os direitos desta edição reservados a L&PM Editores
Rua Comendador Coruja, 314, loja 9 – Floresta – 90.220-180
Porto Alegre – RS – Brasil / Fone: 51.3225.5777

PEDIDOS & DEPTO. COMERCIAL: vendas@lpm.com.br
FALE CONOSCO: info@lpm.com.br
www.lpm.com.br

Impresso no Brasil
Primavera de 2023

Em homenagem a Paulo Freire e
Edgar Morin, dois mestres da educação.

O vivido não é sintoma de outra coisa (a verdadeira vida, a sociedade perfeita, o paraíso, ou o amanhã que canta); vale por si mesmo e nós temos de apreciar-lhe a força de "afirmação" (mesmo relativa).

Michel Maffesoli
*A conquista do presente*

Sobre o autor
(Autobiografia)

Eu estive lá...
Entre duas torres,
Interpretando o mundo,
Depois do esquecimento,
Na manhã que caía aos poucos,
Nessa ausência plena
Que é o ressentimento.
Longe dessa presença vazia
Que pena como uma sangria,
E sangra como uma orgia,
Entristece feito a poesia,
Embarcação de loucos.
Eu estive lá...
Entre duas torres,
Esparramando sombras,
De sol a sol,
Na imensidão do nada,
Saindo do tempo
Como uma lâmina cortada,
Aprendendo a ser.

# Sumário

Abrir janelas .................................................................... 13
Da educação à iniciação ................................................... 18
Pela via da transdisciplinaridade ...................................... 39
Organização e interação .................................................. 46
Pedagogia da imagem ...................................................... 53
Razão sensível e imaginário ............................................. 59
Aprendizagem compartilhada .......................................... 66
Cooperação e competição ................................................ 71
Inteligência coletiva e coletivos inteligentes ..................... 78
Da verticalidade à horizontalidade ................................... 84
Do sistema de hierarquia social aos percursos lado a lado ...... 91
Da explicação à compreensão, Morin e Paulo Freire ......... 100
Do professor ao facilitador sem "coachismo" ................... 106
A diversidade de saberes .................................................. 113
Lúdico e "gamificação" .................................................... 124
Princípios da pedagogia complexa da convivência ............ 131
Coworking e disrupção ..................................................... 137
Princípio hermenêutico: tudo exige interpretação ............. 143
Princípio compreensivo: conhecimento com empatia ........ 152
Princípio construtivo: fazer e pensar o fazer .................... 157
Princípio expressivo: forma e conteúdo ............................ 166
Educação pelos sentidos: também se aprende ouvindo ...... 176

Pedagogia da comunicação, a força das histórias ................... 188
Primeiro encontro com Morin:
   ousa saber, ensinar e aprender ............................................. 195
Do conhecimento à sabedoria ................................................... 212
Da revolução à metamorfose ..................................................... 219
Ameaças tecnológicas: o caso GPT ............................................ 226
Complexidade e diversidade ...................................................... 234
Passado e presente do futuro ..................................................... 247

Referências .................................................................................. 251

# 1
# ABRIR JANELAS

Ao longo de uma vida de professor, tenho pensado nos rumos tomados pela educação em função de mudanças tecnológicas, sociais e comportamentais. Em bom português, quase todo dia me pergunto: como se ensina? Como se aprende? O que significa ensinar? O verbo ensinar ainda faz sentido? Deve-se privilegiar a forma ou o conteúdo? O conteúdo é sempre expressão de um conteudismo? Qual o lugar do professor nesse novo universo da educação? Provocador, facilitador, mediador? Não pretendo fazer um inventário das teorias pedagógicas nem quero tentar ocupar o espaço dos especialistas dessa área. Este livro é o fruto de uma experiência prática e de leituras e reflexões de um percurso acadêmico. Quase trinta anos de sala de aula me provocam e estimulam a pensar com ajuda de minhas referências. As primeiras linhas sobre o assunto me vieram em forma de crônicas para o site Matinal Jornalismo.[1]

Tradutor de alguns dos livros de Edgar Morin[2] e leitor de toda a sua obra, acredito numa escola da complexidade. Para Morin, complexo é uma tessitura de vários fios entrelaçados em

---

1. https://www.matinaljornalismo.com.br/categoria/matinal/colunistas-matinal/juremir-machado/
2. Traduzi quatro dos seis volumes de *O método*. Volumes 3 a 6. Porto Alegre: Sulina, 1998 a 2006.

operação que ousa não reduzir para conhecer. Penso na escola do amanhã, esse futuro que já começou, e não deixo de enxergar transfigurações e novidades. Alguns elementos me parecem incontornáveis ou claros: iniciação; pedagogia da imagem; compartilhamento; razão sensível; ética do diálogo; lúdico; princípios: hermenêutico, compreensivo, construtivo, formativo.

Uma passagem da educação à iniciação é algo muito pensado por outro sociólogo francês, o maravilhosamente destoante Michel Maffesoli. Para ele o tempo da transmissão passou junto com a vertigem moderna da racionalização total da vida. Aquele que aprende por iniciação faz um percurso visceral em companhia de outros educandos e de um "mestre" provocador de situações envolventes e transformadoras. Maffesoli defende que a educação tradicional é dominada pelo sentido da hierarquia que elitiza. Parafraseando o seu mestre Gilberto Durand, autor de *As estruturas antropológicas do imaginário* (2012), a educação seguiria uma "dominante postural vertical". Já a iniciação atenderia a uma "dominante postural horizontal". A educação pertenceria ao regime diurno da imagem, cujo símbolo é a espada, espaço falocrático do dedo em riste e do saber autoritário. Pode-se associar livremente a iniciação ao regime noturno da imagem, marcado pela copa, taça, recipientes onde se bebe o vinho da existência e onde se misturam imaginários e aspirações. Aí, aquele que sabe algo, que o outro ainda não sabe, não se põe como autoridade no sentido hierárquico da palavra. A construção dessa horizontalidade, sem demagogia, é um processo dialógico. Voltarei a abordar todos esses elementos.

A escola da complexidade não pode ser um sistema de hierarquia social pela educação nem um mecanismo de reprodução das desigualdades e privilégios históricos. Durante séculos a palavra escrita foi o principal elemento da formação. Ela hierarquizava as sociedades entre as que decifravam um alfabeto e as que permaneciam na escuridão do analfabetismo. O livro era, ao mesmo tempo, armazenamento e transporte de informações. Neste mundo hipermoderno, dominado pelas mutações tecnológicas aceleradas, imagens e sons podem ser facilmente armazenados e transportados. Uma pedagogia da imagem ganha dimensões inusitadas. Cada um é alfabetizado por imagens. A imagem pode ser interpretada com mais sentidos do que as letras. Ela jamais se nega por completo a um intérprete qualquer. Dela sempre emana uma luz.

Compartilhamento significa que nessa horizontalidade da iniciação as trocas serão o vetor fundamental, evocando a "inteligência coletiva" teorizada por Pierre Lévy e os coletivos inteligentes por acúmulo de massa crítica.[3] Em consequência, as separações disciplinares tenderão a ser quebradas, prevalecendo a transdisciplinaridade, que, como sustenta Edgar Morin, é mais do que a soma das partes, não se reduzindo tampouco a uma aproximação de disciplinas com algum interesse comum. O conhecimento transdisciplinar é uma potente fusão produtora de novas sínteses e compreensões.

Essa escola da complexidade não se limitará a tentar explicar os acontecimentos e fenômenos, mas cuidará também de compreender o vivido. Morin destaca que a explicação remete a procedimentos abstratos, lógico-dedutivos, fundamentais para o entendimento de relações de causalidade. A compreensão, porém, remete ao concreto, ao empático, ao sentido, ao singular, às significações particulares.[4] A escola da complexidade, de

---

3. Ver LÉVY, Pierre. *A inteligência coletiva. Por uma antropologia do ciberespaço.* Rio de Janeiro: Loyola, 2003.
4. Ver MORIN, Edgar. *O método 3: o conhecimento do conhecimento.* Porto Alegre: Sulina, 1999.

tendência moriniana, só poderá ser hologramática: a parte está no todo, que está na parte. A célula está no organismo, que está na célula. Articular a parte e o todo é o grande desafio daquele que quer se iniciar nos mistérios do mundo.

No compartilhamento transdisciplinar aquele que dá uma informação não a perde, mas, ao contrário, ganha com a inclusão num coletivo pensante horizontal enriquecedor. Nesse espaço lúdico de conhecimento só o melhor argumento, aquele que convence pela sua força interna, conquista corações e mentes. Ceder diante de uma argumentação poderosa não se apresenta como uma derrota. Tem, na verdade, o valor de uma vitória, de um avanço, a vitória sobre o desconhecimento, avanço em relação à superação de um obstáculo, salto para a frente num jogo de muitas causas e dificuldades. O compartilhamento lúdico insemina. Falar em lúdico, contudo, não pode ser traduzido como uma "gamificação" infantilizadora e simplista. Jogar quer dizer explorar as vertentes agonísticas do espírito humano, com sua dimensão erótica, que não se resume ao sexual, havendo gozo no intelecto iluminador.

Tal perspectiva demanda uma razão sensível, aquela que não omite outras formas de saber, não nega a intuição, não renega os saberes da experiência prática ou mitológica, abre-se às poéticas do vivido e considera as diferentes epistemologias produzidas por realidades históricas diversas ou milenares. Conhecer é entrar no mundo de corpo, alma e mente. Essa imersão para ser integral exige uma ética do diálogo, aquela que se fundamenta num encontro de diferentes, numa conciliação de inconciliáveis, num "equilíbrio de antagonismos"[5], conforme a bela expressão de Gilberto Freyre, num jogo aberto, no respeito aos pilares do

---

5. FREYRE, Gilberto. *Casa Grande & Senzala*. Rio de Janeiro: José Olympio, 1961, p. 73.

conhecimento do outro, esse ser irredutível aos valores, visões de mundo e métricas do seu interlocutor ocasional.

Se a racionalidade emancipa, o racionalismo oprime. Uma escola da complexidade ampara-se na racionalidade e recusa o racionalismo. Ela precisa ser sensível às múltiplas razões do vivido. O livro e a escrita manterão um lugar de honra nesse universo transfigurado. Afinal, uma tecnologia não precisa necessariamente expulsar outra. Mesmo assim, as tecnologias não são neutras e, independentemente dos usos individuais, podem afetar um ecossistema, inclusive cultural, de modo a transformar todo o seu entorno ou mesmo o seu núcleo. A escrita criou sua civilização. O impresso levou a civilização da escrita a um patamar inimaginável até então. A internet tem certamente um peso tão grande quanto o da prensa de Gutenberg na formatação de um modo de existência, de convivência e de organização social. É difícil perceber a dimensão de uma mudança quando se está dentro dela. Dentro de cinquenta ou cem anos se falará da grande revolução do final do século XX e do começo do século XXI como um momento de refundação global. Um dos setores mais afetados por essa mutação terá sido a educação.

Todas as formas de aprender e saber são boas quando se abrem para a pluralidade dos modos de conhecer e de narrar o que se vive.

Conhecer é abrir janelas todos os dias: janelas do mundo à alma, janelas da alma ao mundo, janelas digitais, janelas da curiosidade, janelas de uma escola da complexidade e, por extensão, da diversidade.

## 2
# DA EDUCAÇÃO À INICIAÇÃO

Os processos de ensino e aprendizagem são múltiplos e dependem de tradições e culturas. Pode-se, contudo, falar de um parâmetro ocidental secular: a educação como transmissão de conteúdos. Em tempo de questionamentos sobre todas as escolhas, uma pergunta se impõe como talvez nunca antes: quem escolhe e como escolhe? Se em alguns campos os conhecimentos parecem obrigatórios para a compreensão de fenômenos mais amplos, em outros, como o das humanidades, pairam dúvidas. Quem quiser entender os mecanismos da hereditariedade não pode deixar de conhecer o papel de certo Mendel.[1] O estudante de ensino médio que sonha em ser biólogo pode, contudo, perguntar-se se precisa mesmo saber quem foi Bernardo Guimarães ou Júlio Ribeiro. De certo modo, para muitas pessoas ainda hoje, educar é transmitir conteúdos, encher uma mente supostamente vazia de informações úteis para a vida.

 O conceito de utilidade pode ser apresentado com maior ou menor sofisticação. Um pai preocupado com o futuro do filho poderá resumi-lo brutalmente: é útil tudo o que serve para arranjar um emprego. Alguém mais exigente ou ambicioso poderá acrescentar: um "bom" emprego. Não será difícil encontrar

---

1. Um livro instigante e leve sobre isso é este: MUKHERJEE, Siddhartha. *O gene: uma história íntima*. São Paulo: Companhia das Letras, 2016.

quem diga o seguinte: é útil tudo o que possa ajudar a "vencer na vida". O que seria "vencer na vida"? Sair de um ponto de dependência econômica para uma situação de autonomia? Libertar-se de amarras da ignorância e da superstição? Elevar-se acima das condições precárias de sobrevivência de uma família muito pobre? Um pragmático radical talvez diga: se saber quem foi Bernardo Guimarães ajuda a vencer na vida, então é melhor tomar conhecimento da sua biografia e da sua obra antes de qualquer questionamento sobre sua relevância. Bom, nesse sentido, seria aquilo que a sociedade valoriza e pelo que está determinada a distribuir algum tipo de recompensa.

Houve uma época em que exigir que o aluno decorasse a tabuada fazia parte das estratégias pedagógicas obrigatórias. Em salas de aula com alunos de séries diferentes apostava-se, às vezes, na competição entre mais novos e mais velhos, a quarta série contra a quinta. A vitória, numa escola rural, de um menino da segunda série sobre um da quinta podia ser vista como um acontecimento capaz de ser notícia na comunidade e dar prestígio precoce ao vencedor. As calculadoras de todos os tamanhos, antes mesmo do aparecimento dos telefones celulares multifuncionais, já haviam comprometido seriamente a memorização das contas de multiplicar. Nesse terreno, porém, não faltam nostálgicos prontos a argumentar que, sem a tabuada decorada, fica comprometida a capacidade de raciocínio matemático, tendo como consequência a necessidade de recorrer a uma máquina para os cálculos mais simples.

Essa historieta sobre a tabuada inscreve-se numa série milenar que remonta ao *Fedro*, de Platão, no qual Sócrates faz advertências sobre o perigo representado pela escrita ao uso da memória natural humana: "O fato é que essa invenção irá gerar esquecimento nas mentes dos que farão o seu aprendizado, visto que deixarão de praticar com sua memória". Os seres humanos, então, passarão a confiar na escrita, "produzida por esses caracteres externos que não fazem parte deles próprios, os desestimulará quanto ao uso de sua própria memória, que lhes é interior".[2] Por que Sócrates temeria tanto essa revolucionária tecnologia do imaginário, a escrita? Por medo do novo ou por preocupação com a redução da capacidade reflexiva em função da possibilidade de receber discursos prontos? Essa questão é sempre boa para filósofos e pedagogos. Ela pode ser retomada com uma formulação despretensiosa: transmitir um saber ou descobrir esse saber por si? Dar a conhecer um conteúdo ou construí-lo por reflexão ou experimentação? Um pós-moderno eclético – aquele que une o velho e o novo sem pruridos epistemológicos – e sem dogmas não se constrangeria em responder assim para espanto de uns e outros: depende. De que mesmo? De vários fatores, certamente ele diria, entre os quais o tipo de saber, a urgência em saber, o contexto e as pessoas envolvidas. Em outras palavras, muitas são as formas possíveis de alguém chegar a um conhecimento. Qual é a melhor? Aquela que funciona.

O que é funcionar? Depende. Outra vez? Sim. Se a questão é resolver um problema do tipo como trocar um pneu ou fazer uma inscrição eletrônica para um evento num sistema complicado, talvez um tutorial resolva. Ou simplesmente observar alguém fazer o trabalho sujo uma vez. Se for a resposta para uma questão recorrente – como o acaso interfere nas partidas de futebol? –, melhor será investir numa longa reflexão com hipóteses, insights, especulações, cálculos, estatísticas e apostas ousadas. Filósofos, matemáticos, comentaristas de futebol e jogadores poderão contribuir para a construção da melhor resposta.

2. PLATÃO. *Fedro*. São Paulo: FSP, 2010, p. 1.

Há muitas formas de aprender e de ensinar. Nada mais óbvio. Por que então volta e meia um método se impõe sobre tantos outros? Talvez sejamos formados para desejar uma resposta única para anseios diversos. A pluralidade provoca ansiedade. Uma concepção tradicionalista das coisas pode recorrer a instrumentos que perpetuem o mesmo, reproduzam um cânone e mantenham qualquer crítica enclausurada. Transmitir, nesse sentido, rima com reproduzir. Não está, porém, assegurado que a melhor maneira de atingir o resultado esperado seja por esse meio, que, como todos os meios para atingir fins, tem o seu custo, no caso um custo em sufocamento, repressão e supressão de curiosidades que tendem a vazar como o conteúdo líquido de um barril de provocações constantes, inflamáveis e deliciosas.

A transmissão pode funcionar como a velha brincadeira do telefone sem fio. A mensagem chega deformada ao receptor por desinteresse deste em decodificá-la ou simplesmente recebê-la. Distraído, o receptor está na linha, mas não há conexão. Isso não tem a ver com a hipótese radical oposta, a de que toda recepção é uma transcriação, um desvio incontornável fazendo com que a comunicação seja impossível por impossibilidade de coincidência entre emissor, receptor e mensagem. Jacques Derrida, numa aula na Escola de Altos Estudos em Ciências Sociais, em Paris, divertia-se com uma anedota na qual era personagem:

– A comunicação é impossível – teria dito Derrida.

– Concordo – teria respondido Karl-Otto Apel.

A comunicação, porém, acontece, como sabe qualquer um que pede para que abram a porta e não vê qualquer janela ser escancarada. Claro que, como observava o próprio Derrida, a execução de um pedido ou de uma ordem depende de vários elementos como o domínio da língua do falante ou de um bom ouvido. Derrida falava baixo. Era difícil ouvi-lo do fundo da sala grande e cheia onde ministrava os seus seminários. Os temas de que tratava – "questões de responsabilidade: do segredo ao testemunho" e, na terceira quarta-feira de cada mês, "a instituição filosófica da lei" – eram tão complexos que um colega espanhol de cabelos revoltos podia dizer com senso de humor e alguma ironia: "Não entendi nada. Sei muito mais agora. Vou traduzi-lo". Jacques Derrida falava das 17 às 20 horas. Era preciso chegar cedo para pegar um bom lugar. Ele se contentava em falar. Estudantes faziam exposições uma vez por mês. Ele então mais ouvia do que analisava. Fiz uma longa entrevista com Derrida para um jornal brasileiro.[3] Noutra ocasião, quando fui mostrar-lhe o material publicado, convidou-me para um café. Aproveitei para fazer-lhe uma pergunta que me ocorreu na hora sem que eu saiba ainda hoje a razão: "O senhor transmite conhecimento?".

A resposta foi longa para o seu padrão de cortesia e para um copinho de café tirado de uma máquina. Sim e não, ele disse. O sim correspondia ao fato de que tinha consciência, ou orgulho, de passar informações nem sempre detidas por seu público, ainda que nem todos ali fossem iniciantes em filosofia. O não, em contrapartida, fazia referência à sua expectativa de recepção. Parecia responder ao bravo espanhol escabelado que chegava cada vez mais cedo para ouvi-lo: "Cada palavra é traduzida pelo receptor".

Para Derrida, de certo modo, o problema da transmissão não estava na sua ineficácia ontológica, caso seja possível falar assim sem pecar por afetação, mas na atitude do receptor. Depois daquele dia passei a crer na possibilidade de uma recepção ativa de conteúdos, mesmo numa sala superaquecida, lotada e com assentos desconfortáveis. Quanto mais a voz de Derrida

---

3. Entrevista que foi republicada em meu livro *Visões de uma certa Europa*. Porto Alegre: Edipucrs, 1998.

sumia naquele ambiente pesado, mais eu mesmo me esforçava para estar atento, ainda que, com o passar do tempo, atrapalhado pelo turbilhão de ideias que aquela fala monocórdica me provocava. A transmissão nunca é só transmissão. Salvo quando o receptor não quer ouvir ou se contenta em gravar o que ouve. A filosofia grega antiga, porém, fugia da transmissão. A ideia de diálogo entre mestres e discípulos, a maiêutica socrática, a dinâmica dos peripatéticos, a sofística, tudo, enfim, parecia desde sempre remeter a uma produção dialógica ou profundamente reativa. Falar servia para fazer falar. Toda fala era provocação. Em direção à vocação das coisas. Onde foi que alguma coisa se perdeu? Quando a fala perde o seu caráter provocativo e torna-se apenas uma torneira jorrando dados, um elo da cadeia se quebra. É a pista para um novo imaginário social. Jacques Derrida era, no boulevard Raspail, ao lado da Aliança Francesa, a voz suave de um tempo de desconstrução.

## 2.1 De Jacques Derrida a Michel Maffesoli

No Quartier Latin, mais precisamente no anfiteatro Durkheim, da Universidade Paris V, no prédio histórico da Velha Sorbonne, ou Sorbonne Velha, Michel Maffesoli também falava. Apenas falava. Uma bela voz muito mais audível. Desmontava a modernidade. Apresentava os contornos do que, advertia, na falta de nome melhor, chamava de pós-modernidade. Para ele, um tempo agonizava; outro, emergia. O tempo que morria era o da verticalidade, da flecha da história, da linha reta, da palavra autoritária tomando-se pela palavra autorizada.[4] No começo do século XXI Maffesoli já estaria plenamente

---

4. Entre seus tantos livros, dois resumem o pensamento de MAFFESOLI, Michel. *O tempo das tribos.* Rio de Janeiro: Forense, 1987; *A conquista do presente.* Rio de Janeiro: Rocco, 1984.

encantado com o novo mundo tribal da internet, com suas redes sociais, bolhas e comunhões virtuais. Afinal, como ele sempre diz nas suas palestras, "a pós-modernidade é a sinergia entre o arcaico e a tecnologia de ponta". O suprassumo da ciência, sob a forma de instrumentos e artefatos tecnológicos, a serviço do mais recorrente no ser humano, o universo dos afetos e das emoções. Já o imaginário para ele pode ser resumido, numa das suas facetas, a uma "magificação" do mundo. No tempo das tribos, marcado por imaginários arcaico-tecnológicos, a transmissão é engolfada pela iniciação, essa vontade de fazer parte organicamente de algo que exige, como ingresso, uma espécie de ritual de passagem.

Maffesoli tem falado da passagem da educação à iniciação em palestras, cursos e entrevistas. Para o Canal Futura ele discorreu sobre sua visão de "iniciação pós-moderna".[5] O lugar da fala do intelectual não pode mais se restringir ao espaço formal da sala de aula ou aos consagrados programas da mídia convencional. É preciso ir aonde todos, ou quase, estão. A pós-modernidade para ele representa uma quebra de paradigma sem passar por uma revolução: uma nova forma de ser e de estar de acordo com o "ar do tempo", essa atmosfera na qual estamos todos imersos. Em lugar do autoritarismo de um saber acumulado e distintivo, a autoridade da sabedoria compartilhada.

É claro que esse ponto suscita dúvidas práticas: como se faz isso? É realmente possível? Acontece no cotidiano ou é mais uma inclinação, um horizonte, um princípio, um desejo, uma postulação? O dia a dia mostra que essa é uma realidade concreta e palpável. Cada vez mais o aluno quer participar e não hesita em consultar seu celular e contestar o professor. Há os que colocam

---

5. https://www.youtube.com/watch?v=5jOHHk97FfU. (Acesso em: 23 de dezembro de 2022.)

a culpa no celular e decidem proibi-lo. Há os que criticam justamente o espírito do tempo, que se caracterizaria pela indisciplina, pela falta de respeito, pela indolência e pela incapacidade de prestar atenção ou de realizar qualquer esforço para aprender. Há, porém, os que consideraram fundamental adaptar-se aos novos tempos, buscando integrar a tecnologia, inclusive o celular, à rotina dos processos de ensino e aprendizagem. A primeira medida, nesse sentido, é sair da resistência à tecnologia e tornar-se um usuário dos novos dispositivos. Não há idade para aprender a servir-se dos recursos tecnológicos disponíveis, que, em geral, são fáceis de usar e acessíveis "intuitivamente".

O "espírito do tempo" requer uma forma de comunicação compatível com as mudanças em curso. Isso não significa que o professor terá de adotar integralmente como sua a linguagem do aluno. Um adulto falando como jovem, adolescente ou criança pode soar falso ao seu público-alvo. Nesse sentido, o professor pode se tornar alvo do seu público. Comunicação, como diz Dominique Wolton, é negociação.[6] As partes envolvidas apresentam seus lances comunicacionais e todos aprendem durante o jogo. Com flexibilidade e abertura é um ganha-ganha. Vale destacar que não se pode imaginar tais interações sem desentendimentos, mal-entendidos e conflitos. Dizer o contrário seria produzir ilusões e, na linguagem mais cotidiana possível, tapar o sol com peneira.

A diferença está na gestão do conflito e nas estratégias para tentar evitá-lo ou diminuir suas irrupções. A situação é ambivalente, como acontece com frequência no mundo dito real. Cada um no seu quadrado, conforme diz uma letra de música muito popular? Sim e não. Sim, o professor continua existindo, precisa

---

6. Ver WOLTON, Dominique. *Comunicar é negociar*. Porto Alegre: Sulina, 2023.

ter competências específicas e cabe-lhe exercer certos papéis. Em outras palavras, tem atribuições próprias. Não, o aluno não é passivo nem pode ser confinado a um espaço real ou simbólico de modo a não incomodar o mestre nem invadir sua área de proteção e sua zona de conforto.

Evidentemente que zona de conforto é maneira de dizer, na medida em que as metamorfoses da sala provocam abalos sísmicos. Houve um tempo em que o professor era inquestionável, incriticável e soberano. Podia até mesmo aplicar castigos. Eu mesmo, menino em escola rural, fui colocado atrás da porta algumas vezes como pena por meus atos de insubordinação. Cansado de cantar o hino nacional, nos fatídicos anos de 1968 e 1969, comandei uma rebelião. Com mais dois colegas de sete anos, escalamos uma bergamoteira e do alto exigimos o fim do hino. A professora chamou a diretora. Entabulamos negociação. O cair da noite, porém, representaria um argumento forte de parte do poder. Bateu o medo. Para descer, impusemos duas condições: o fim do hino e nenhum castigo. Mal tocamos com os pés no chão, fomos agarrados pelas orelhas. Imoral da história: a correlação de forças decide tudo.

Já falei dessa historinha em outros momentos até como matéria para ficção. Ela faz parte do espírito de outro tempo, quando autoridade e autoritarismo podiam ser confundidos e saudados como disciplina necessária e justa. Um golpe midiático-civil-militar havia deposto o presidente da República em 1964, uma nova Constituição fora imposta pelos militares golpistas em 1967, e o Ato Institucional n.º 5 (AI-5), de 13 de dezembro de 1968, consagrava a censura e dava todos os poderes aos que não o haviam alcançado pelo voto popular. A tortura, as execuções, as cassações de mandato e os desaparecimentos marcariam essa época. Tudo era permitido desde que a tabuada fosse decorada, assim como os afluentes do Amazonas e os imperadores romanos. Ter boa memória era prova de inteligência. Submissão e obediência correspondiam a respeito e admiração pelos docentes. A palmada e a surra eram instrumentos de pedagogia familiar corriqueiros e indiscutíveis. Paulo Freire, o mais revolucionário dos pensadores brasileiros da educação de todos os tempos, estava no exílio, mas publicando seus grandes textos. No Brasil, educar era colocar crianças em posição de sentido diante da bandeira nacional. Era assim.

Nas relações entre alunos e professores predominavam a verticalidade e coisas que ainda não tinham nome, ou essas denominações não vinham à tona: *bullying*, gordofobia, homofobia, racismo. Apelidos devastadores eram regra. O pátio das escolas era um campo de lutas. A educação era um sistema de hierarquia social. De certo modo, educar era selecionar os mais fortes, aqueles que fossem capazes de sobreviver ou de adaptar-se a ambientes hostis. Era um inferno? Não. Tampouco era o paraíso. Esse mundo começou a desmoronar com o movimento de maio de 1968 na França, quando universitários se rebelaram inicialmente contra a proibição de visitar as namoradas à noite em casas de estudantes[7] e, como pano de fundo, por causa da Guerra do Vietnã. A rebelião cresceu, ganhou apoio de trabalhadores e chegou e paralisar a França com uma greve geral. Depois, ganhou o mundo. Nos Estados Unidos foi uma revolta em defesa dos direitos civis. No Brasil, uma reação à ditadura. De maneira geral, foi uma série de levantes contra o autoritarismo de pais, professores, chefes. Uma explosão de desejos reprimidos contra a hipocrisia dominante.

---

7. Ver MUSSE, Christina; LARANGEIRA, Álvaro; SILVA, Juremir Machado. *1968: de maio a dezembro: jornalismo, imaginário e memória*. Porto Alegre: Sulina, 2018.

Não se queria mais levantar quando o professor entrava nem ter de chamar pai e mãe de senhor e senhora. Havia uma vontade de liberação no ar do tempo: liberação da mulher, da sexualidade, do sexo antes do casamento, do amor entre pessoas do mesmo sexo. A hierarquia social que colocava o homem branco no topo, com a mulher e os filhos submetidos ao "chefe da família", o pátrio poder, sofreria o seu maior tranco. O slogan mais famoso de maio de 1968 ainda ressoa: "É proibido proibir". Os anos 1960 ficariam marcados pelo rock 'n' roll, pela contracultura, pelos hippies, pela busca por uma "sociedade alternativa". Revolta contra o autoritarismo, o capitalismo, o comunismo do leste europeu (a Primavera de Praga seria esmagada pelos tanques soviéticos), começando antes ou depois dos eventos franceses.

Na entrevista para o Canal Futura, Michel Maffesoli defende um verdadeiro ou novo humanismo – nada a ver com o primado do antropoceno – capaz de dar conta da "inteireza do ser", que, como ele destaca, não se resume ao econômico, ao produtivo, ao produtivismo, ao utilitário. Viver é mais do que produzir e acumular. Nas redes sociais, segundo ele, pululam as manifestações em prol da cultura, da vida com arte, com sentido, múltiplos sentidos. A educação moderna, explica, impunha o sentido. Vigorava a "lei do pai", a imposição do saber pelos seus detentores. A iniciação, que seria típica da pós-modernidade, não impõe: acompanha.

Acompanhar abre um universo de possibilidades. Um verbo não é apenas um verbo, mas também um convite à ação. O professor não anda sempre na frente como um guia infalível e loquaz. Coloca-se ao lado. Às vezes, atrás. Deixa fazer, vê fazer, aprende a fazer. Não impõe. Expõe-se. Dialoga, provoca, invoca, evoca, estimula, conversa, observa, pesa, pondera, reitera, assevera: ninguém larga a mão de ninguém. Uma postura dessa ordem exige uma mutação no imaginário social: o professor passa a poder admitir seus erros. Para isso, contudo, é necessário que o aluno – e seus pais – possa aceitar essa falibilidade sem perder o respeito pelo que está ali para ensinar. O paradigma da credibilidade sofre uma alteração profunda. Porém, sempre pode haver um porém, isso não significa que o professor pode não ter qualquer saber, qualquer competência específica. O princípio da relação entre professor e aluno implica que aquele saiba algo que este ainda desconhece. O contrário também é verdadeiro, ainda que ocupe um lugar diferente na cadeia de ensino-aprendizagem. A questão fundamental é como esse saber do professor será compartilhado.

Para Maffesoli o verbo "acompanhar" não pode andar sozinho na educação. Ele deve ser pareado com o verbo interagir. Separados, eles produzem alguns efeitos. Juntos, entram numa dimensão quântica. Acompanhar e interagir não são sinônimos nem andam sempre juntos. É possível acompanhar sem interagir. O acompanhamento passivo remete à ordem da contemplação. O aluno, quando silenciosamente desinteressado, ilustra bem a figura do acompanhamento passivo. A interação requer mais do que a disposição para seguir. Interagir implica disponibilidade para o convívio. Na interação há sempre troca. Dar e receber. Uma rede só é social – e propriamente rede – quando há interação. Em contrário, é uma mídia. O TikTok tem mais de mídia do que de rede social. O Facebook original era interativo por excelência.

Interagir é mais do que participar ou pedir participação. Muitas vezes, instado a participar, o aluno se recusa. Falta-lhe motivação para o que lhe é proposto. A interação parte normalmente de um desejo de participação. Irrompe. Talvez em alguns momentos, quando se demanda participação, falte uma auscultação prévia das inclinações de pessoas ou grupos. Não dá bons resultados pedir a apaixonados por futebol que tenham uma animada discussão sobre hóquei. Quem define o que deve ser discutido? Quem pauta a possível interação? Como fazer o aluno sair daquilo que Wolton chama de lógica de demanda, que produz bolhas, para uma lógica da oferta, que faz conhecer outras coisas, saberes e sabores? A resposta passa pelo reconhecimento de que esse é o desafio de uma pedagogia dialógica. Fazer falar passa por saber do que falar.

Não parece inapropriado sugerir que a educação é a mais importante questão de comunicação do século XXI. O que dizer? Como dizer? Para que dizer? Para quem dizer? Como ouvir? Reduzir a comunicação a uma questão de mídia é uma escolha possível. Será a melhor? Educar para quê? Para reproduzir as narrativas e discursos dominantes? Para emancipar? O que seria emancipar? De quê? De quem? Emancipação como sinônimo de autonomia absoluta parece ser uma ilusão consentida. Somos dependentes, interdependentes, encadeados. Dependemos do meio ambiente no qual atuamos e contra o qual temos agido. Dependemos de relações permanentes de troca, apoio, ajuda, amparo, cooperação e competição.

Entre o desejo de autonomia e a realidade da heteronomia vive o ser humano. A invasão da Ucrânia pela Rússia expôs populações da Europa ocidental aos perigos de um inverno rigoroso. A explosão da covid na China fez sumir remédios básicos das farmácias brasileiras. A pandemia do coronavírus mostrou que ninguém vive isolado ou ao abrigo do que acontece fora das suas fronteiras. O planeta não é uma ilha. Nem as ilhas são ilhas. Elas se relacionam com o meio que as envolve.

## 2.2 Iniciação e conjugação

Decorar a conjugação dos verbos também foi uma das tarefas mais árduas da vida de muitos estudantes, especialmente dos verbos irregulares. A vida parece bastante irregular. A passagem da educação à iniciação pode ser vista como um processo de conjugação. O antropólogo Victor Turner analisou rituais como formas de enfrentar conflitos em dramas sociais e de gerir rivalidades.[8] A iniciação é uma passagem pela qual se vai de um ponto a outro no jogo da expectativa comunitária ou social. Não se deve esperar de indicações como essa uma justaposição ou consciência plena conceitual. O que conta é uma percepção por aproximação. Analogia sem recobrimento. O processo educacional pode ser percebido como um ritual por meio do qual jovens são iniciados nos conhecimentos considerados fundamentais por uma sociedade. As sociedades modernas e pós-modernas caracterizam-se, porém, pela valorização da novidade, em geral associada a disputas, competições e solução de problemas, o que resulta em fama e prestígio para os triunfantes. A iniciação educacional foca a integração.

Iniciação implica fusão por algum tempo ou circunstância. Em outubro de 2022, no âmbito dos cursos de pós-graduação PUCRS/UOL, Michel Maffesoli, meu orientador de doutorado na Sorbonne, esteve em Porto Alegre ministrando uma disciplina sobre educação e iniciação. Fiz a intermediação do convite para que ele estivesse mais uma vez na capital gaúcha. Durante quase uma semana, convivemos em almoços, aulas e passeios. A passagem da educação à iniciação foi um dos nossos temas mais recorrentes em cada encontro. O sociólogo por excelência da pós-modernidade enfatizou a cada conversa sua ideia de

---

8. Ver TURNER. Victor. *O processo ritual*. Petrópolis: Vozes, 1974.

iniciação: "Fazer vir à tona o tesouro que está diante de todos e precisa ser visto".

Essa ideia inverte a concepção do senso comum pelo qual aquele que deve aprender seria um recipiente vazio a ser preenchido com o saber adequado e necessário. Não se trata de tomar essa maneira de ver como inédita, nem de atribuir-lhe um conteúdo jamais pensado. Importante no caso é dar ênfase a um modo de ver e fazer que surge e ressurge, iluminando e sendo apagado ao longo das décadas. Se a educação foi durante séculos um procedimento de transmissão e preenchimento, a iniciação é sempre construção, passagem e conjugação. Na educação tradicional o professor transmite, o aluno absorve e, ao final do processo, devolve, em avaliação, o que acumulou. Espera-se uma coincidência absoluta entre o transmitido, o recebido e o devolvido.

Nada se dá sem controvérsia. Uma crítica frequente a novas formas de conceber a educação diz respeito a uma suposta indulgência avaliativa. Há quem pergunte: avaliar para que ou como? Há quem responda: para verificar se o aluno assimilou aquilo que a sociedade – alguns se atrevem a dizer o mercado – espera para dar-lhe um emprego. Num seminário sobre metodologias de ensino, um participante exasperou-se: "Avaliar para que o estudante não saia da escola achando que a Terra é plana". Claro que não vale a pena, embora as normas acadêmicas o exijam, dar maiores referências sobre esse exemplo. Quem quiser que o tome por fictício. Essa linha de raciocínio considera que a sociedade – e o mercado – avalia todo o tempo, de ranking em ranking, e que os estudantes são convidados, cada vez mais, a avaliar seus professores e suas escolas. Premiações são avaliações. A cerimônia anual de atribuição do Oscar a filmes, atores, diretores, produtores e outros envolvidos na criação de um filme seria a prova de que gostamos de avaliações e de hierarquizações. A conquista da Copa do Mundo de futebol do Catar pela Argentina relançou uma polêmica: quem foi melhor: Pelé, Maradona ou Messi? Há quem considere a questão absurda. Ela permanece. Uma solução conciliatória consiste em ver Pelé como o melhor jogador do século XX e Messi como o melhor do século XXI. Parece razoável. Resta convencer os fãs de Diego Maradona. A educação como iniciação ainda suscita dúvidas a respeito de sua prática. Para Maffesoli, essa obviedade não pode servir de pretexto para que instituições e autoridades estimulem a fuga de uma mutação em curso, agarrando-se às simplificações de fórmulas desgastadas. A educação tradicional exibe as marcas sedutoras da formalização: transmitir, absorver, retransmitir, conferir se o devolvido coincide com o transmitido. A iniciação tem outros pressupostos. O aprendente não é uma máquina de fotocopiar. Não é raro que conservadores defendam a importância do ensino técnico para os mais pobres como forma de "ensinar um ofício" dentro de uma concepção tradicional de ensino e aprendizagem. A utilidade (emprego) aparece como a medida do êxito dessa visão de mundo. Não são poucos os que entendem que a universidade deve ser reservada para alguns, tendo como objetivo maior formar as elites dirigentes de uma nação. Formar para separar.

Se na iniciação há fusão, também há, em consequência, comunhão. Na definição de comunhão há compartilhamento e ritualização. A escola, em qualquer um dos seus níveis, do ensino fundamental ao superior, apresenta-se como uma instância de socialização na qual os diferentes se encontram, cooperam, competem e partilham experiências. Nesse sentido, o isolamento da aprendizagem domiciliar tende a ficar longe dos ganhos da imersão escolar, cujo primeiro princípio consiste em quebrar separações. Claro que o "mundo real" mantém separações em escolas privadas e públicas, centrais e de periferia, caras ou mais acessíveis, de ricos ou de pobres. Encontros de diferentes, porém, acabam acontecendo, reunindo parceiros improváveis. A força estrutural das separações tende a juntar em sala de aula os semelhantes e a repelir os diferentes. Basta observar como se formam as equipes em trabalhos em grupo ou como se dispõem os estudantes espontaneamente nas salas tradicionais. Dinâmicas provocativas desmontam essas atrações químicas de classe ou estilo e confundem os parâmetros iniciais. Misturar faz bem. A iniciação implica a desconstrução das modelagens de base. Um velho professor apaixonado por combinações inesperadas formava grupos por sorteio. Para ele, um lance de dados podia abolir o acaso das conjunções esperadas. A sala de aula é um catalisador de relações. Partículas que só poderiam se evitar acabam por se atrair gerando novas químicas afetivas. Estratégias pedagógicas funcionam melhor quando se declinam no plural. Jovens destes tempos de aceleração não suportam repetição, salvo a dos seus gostos momentâneos vividos como definitivos. A escola precisa correr o risco de tentar ensinar paciência, calma e repouso, assim como tolerância, diversidade, ecumenismo, igualdade e diferença.

Este é o paradoxo da escola: semelhantes se atraem inicialmente. Diferentes acabam por se encontrar. A tarefa, ou missão, é favorecer mais encontros entre diferentes. Iniciação significa não só quebrar a verticalidade da relação entre professor e aluno, mas também romper com a linearidade inicial das aproximações entre estudantes. As antigas salas de aula multisseriadas não deixavam de ser laboratórios interessantes de convivência entre diferentes, a começar pela diferença de idade. Michel Maffesoli não hesita: a educação como iniciação promove o estar-junto, o laço social e afetivo, aquilo que Edgar Morin chama de conjunção. Essa vinculação homeopatiza rivalidades, obriga a pensar sobre preconceitos e gera empatia. Expectativas e desempenhos chocam-se ou seguem tempos próprios. O artigo de Mendel sobre suas pesquisas com ervilhas, que revolucionaria as teorias da hereditariedade, teve apenas quatro citações em 34 anos, de 1866 a 1900. O fisiologista vegetal Carl von Nägeli, consultado por Mendel, respondeu que o resultado era "apenas empírico", não podendo "ser provado como racional".[9] Na iniciação há racionalidade, mas há também emoção, afetos e sentimentos. Pode-se dizer que a iniciação tem como sentido fundamental o tato. Experiência tátil, passa pela corporalidade. Não se contenta com o abstrato. Se a razão pode ter como metáfora o voo, o sobrevoo, a vista do alto, a iniciação remete ao mergulho, onde cardumes se deslocam entremeados.

Aprender com o corpo, tocando, sentindo, cheirando, fazendo parte do processo como de um empreendimento coletivo, eis a iniciação. A educação transmissora esteve associada aos regimes fálicos, de dominação, nos quais o indivíduo destaca-se com o ponto culminante do sistema. Apresenta-se como uma pirâmide feita de acumulações sucessivas. Nessa perspectiva o coletivo reduz-se a instrumento de indivíduos excepcionais aptos a usá-lo em benefício próprio. Na iniciação há algo de sagrado, de ritualístico, de misterioso e de mobilizador. Uma energia grupal movimenta cada parte produzindo um resultado maior do que a soma das partes. Acender essa chama na prática requer determinação para enfrentar o paradigma individualista dominante. Não é que o indivíduo vá desaparecer tragado

---

9. *Apud* MUKHERJEE, 2016, p. 73.

pelo coletivo. O que tem valor diminuído é o individualismo como ideologia estruturante do social. Em lugar da acumulação individualista do capital cultural, compartilhamento das descobertas dos tesouros culturais. Na divisão dessa riqueza todos ganham. Nenhuma parte se perde por ter sido concedida a mais de um usuário ao mesmo tempo.

As instituições, sugere Maffesoli, precisam adaptar-se às mudanças climáticas, próprias, como ele enfatiza, do espírito do tempo, para sobreviver ou fazer sentido. Como dinossauros, elas podem perecer. Iniciação tem a ver com despojamento de si para fusão com o outro. Como numa trilha sinuosa, ou numa escalada difícil, é fundamental saber dos riscos, das dificuldades e das técnicas de superação dos obstáculos. Ao mesmo tempo, a cooperação tem um papel essencial. Ser iniciado significa descobrir, destapar, tirar o véu, trazer à tona, revelar, desvelar, entrar na esfera encantada do conhecimento em companhia de parceiros num clima de fraternidade, de apoio mútuo.

A descoberta, procedimento pelo qual se tira a cobertura, aquilo que oculta algo, tem sempre um tanto de mágico, de iluminador, de fulminante. Descobrir só acontece como produção. É preciso envolver cada participante na busca, fazendo com que o quebra-cabeça se dê a ver como resultado de um compartilhamento de forças intelectuais. Aquele que se inicia ou é iniciado sente a sua existência ser afetada pelas descobertas das quais participa. Há muitas formas, porém, de fazer descobertas. Nenhuma deve ser desprezada. Nem mesmo a transmissão. Ou não valeria a pena assistir a qualquer palestra.

Ser iniciado faz descobrir e ser descoberto. Aquele que descobre, descobre-se. Mostra-se. Vê-se. O eu se torna outro ao longo do caminho. Conhece o trajeto, mas também a trajetória. O caminho está no mapa. A caminhada não pode ser prevista em todos os seus detalhes. O caminho possibilita escolher instrumentos para a caminhada. Os imprevistos aparecem no diário de viagem, que só pode ser feito durante o deslocamento e consolidado depois dele. O guia não pode mais ser aquele que entrega a viagem pronta e a sua narrativa pré-empacotada. Cabe-lhe ajudar a construir a viagem, colaborando com informações essenciais para as definições que precisam ser tomadas antes da partida. Como indica Morin, escolhe-se a metodologia de acordo com o conhecimento prévio do caminho. O método vem da caminhada. Possivelmente o método seja a própria caminhada, essa realização sempre única, tão singular que se o caminho é sempre o mesmo, a caminhada é sempre diferente. Aprender é caminho e caminhada.

A iniciação exige atividade. Aquele que se inicia é sempre ativo, sujeito, protagonista, parte de um todo do qual depende e com o qual colabora. Não há iniciação passiva. O iniciante – tomado aqui como aquele que está em processo de iniciação – não sai de casa para voltar o mesmo. Não vai à escola para encher a pasta ou a mochila de informações que não lhe despertem interesse. A cada vez, quando compreende as dinâmicas em que está imerso, espera ser interpelado, provocado, arrancado do seu torpor familiar, instado a reagir. Em seguida, torna-se ele mesmo um provocador de situações propícias ao descobrimento. Quer mais. O conhecimento libera substâncias produtoras de prazer. Provocar faz emergir a vocação das coisas. Como escreveu Heidegger, "o caminho é um caminho do pensamento".[10] A caminhada precisa ser um caminho da descoberta incentivada pela educação.

Pensar em iniciação remete a mestre e discípulo, um guru e seus acólitos, o ancião submetendo o jovem à força

---

10. HEIDEGGER, Martin. "A questão da técnica". In: *Ensaios e conferências*. Petrópolis: Vozes, 2001, p. 11.

da tradição, um mundo à Harry Potter. Maffesoli fala em "iniciação pós-moderna". O termo pós-moderno não é unanimidade nas humanidades. Pode ser reduzido a neoliberalismo ou ao oximoro relativismo absoluto. Na ótica de Maffesoli exprime simplesmente uma tendência ao laço social, gregarismo em vez de individualismo, ainda que passageiro, identificações em lugar de uma identidade rígida, tendência para a horizontalidade. Em sua unidade mínima – seu gene, seu átomo, seu byte – afirma que a vida para ser apreciada requer encantamentos. A educação, portanto, não pode ser produtora de desencantamento do mundo, mesmo que esteja obrigada a superar o senso comum com evidências científicas. Ela atinge o seu ápice como reencantamento. A iniciação insere a pessoa nos mistérios do conhecimento.

# 3
# Pela via da transdisciplinaridade

Tive a honra de contar com Edgar Morin na minha banca de doutorado na Sorbonne, Paris V, em 1995. A tese foi orientada por Michel Maffesoli. Em 1998, Morin seria um dos supervisores do meu pós-doutorado, junto com Maffesoli e Jean Baudrillard. Organizei ou intermediei viagens de todos eles a Porto Alegre. Em certo momento, gravei, a pedido da PUCRS, uma entrevista com Morin sobre transdisciplinaridade. Além de traduzir quatro dos seis volumes de *O método* e de supervisionar a publicação dos dois outros, pavimentei o caminho para a edição brasileira de *Introdução ao pensamento complexo*.[1] Tantos anos de leitura e de encontros – estive com Morin até em Belém do Pará – me enredaram na teia envolvente da complexidade e da transdisciplinaridade. Um salto em busca de um olhar multidimensional.

Na entrevista gravada para a PUCRS, Morin já abre dizendo que complexidade e transdisciplinaridade são dois termos inseparáveis. Décadas de reflexão sobre o assunto me fazem dizer que uma escola da complexidade, baseada na ideia de iniciação, só pode ser transdisciplinar. Como ser, no entanto, transdisciplinar numa época de hiperespecialização? Esse é o

---

1. MORIN, Edgar. *Introdução ao pensamento complexo*. Porto Alegre: Sulina, 2015.

desafio proposto por Morin que precisa ser enfrentado no cotidiano. A resposta talvez esteja no próprio termo, se hiperespecialização for tomado como um excesso de especialização. Uma velha metáfora reaparece na perspectiva moriniana: é preciso conhecer a árvore e a floresta, a parte e o todo. O generalista tem uma visão de conjunto; o especialista, um conhecimento profundo da parte. A árvore e a floresta formam, porém, um todo que vai além da soma das partes.

A tradicional divisão dos currículos em disciplinas pode ser prática, confortável para professores, de fácil gestão e mais econômica para as instituições. As razões para mantê-la certamente são mais de ordem econômica e administrativa do que pedagógica ou epistemológica. Depois de relembrar a raiz latina da palavra complexo, aquilo que é tecido junto, Morin defende que é chegada a hora de superar a fragmentação disciplinar. Para perceber o tecido comum é necessário recorrer à complexidade transdisciplinar. O ser humano, segundo o seu exemplo, não pode ser profundamente conhecido sem recorrer a um conjunto de saberes e perspectivas. A escola, nos seus diferentes patamares, contudo, seguindo a lógica dominante da ciência que separa, tudo fragmenta para conhecer e dar a conhecer.

Edgar Morin, ao longo do seu centenário de produção intelectual, deparou-se constantemente com a objeção de que não é possível para um indivíduo, mesmo muito inteligente, deter um conhecimento enciclopédico em meio ao turbilhão de informações do século XXI. O que fazer diante dessa dificuldade? Estimular o trabalho em equipe. Apostar nos cruzamentos transdisciplinares. As palavras de ordem para ele são: conexão e religação. Todo conhecimento disciplinar, em certo sentido, é incompleto. As ciências humanas, afirma o pensador da complexidade, precisam religar-se para ir além daquilo que já puderam alcançar. Estuda-se, destaca ele, a mente na psicologia e o cérebro em biologia. Estuda-se o cérebro com conceitos bioquímicos e a mente com conceitos culturais e intelectuais. Segundo Morin, isso "não basta". Ou basta de separação. Para se aprofundar no conhecimento do ser humano, em todas as suas facetas, é necessário recorrer inclusive às artes. A literatura, enfatiza, é fonte relevante sobre a complexidade humana. Entender o século XIX passa pela leitura de Karl Marx e de Balzac. Na arte, a subjetividade, característica incontornável do humano, sobressai. O homem moriniano é *faber, demens, ludens*, plural. Uma escola da complexidade não pode ignorar a poesia como expressão da experiência vital do ser humano.

A questão da importância da cooperação em ciência será examinada mais adiante. Por enquanto, vale destacar que cooperar ou competir, como separar ou juntar, é escolha de pessoas e épocas. A opção disciplinar, consolidada no século XIX, produziu e produz resultados importantes. O mundo atual é fruto da evolução da ciência e da tecnologia. Pode-se fazer melhor? Esperar mais? Avançar? Partindo-se da evidência de que a ciência, como tem sido praticada, já deu muito aos seres humanos, é defensável querer mais? Morin entende que sim. Para que esse salto aconteça, sugere a adoção de procedimentos transdisciplinares. Vale dizer: sair do isolamento e investir em compartilhamento. Nesta altura, o leitor atento se pergunta: por que transdisciplinaridade e não interdisciplinaridade? Qual é a diferença?

A interdisciplinaridade, esclarece Morin, pode ser compreendida por analogia com a Organização das Nações Unidas: um conjunto de nações reunidas, cada qual preservando sua autonomia, tentando colaborar, mas entrando frequentemente em conflito. Embora útil e enriquecedora, não basta. Outra coisa é a múlti ou pluridisciplinaridade, conjunto coerente de disciplinas que pavimenta o caminho para a transdisciplinaridade: uma fusão. Essa via passa por um "princípio recursivo", ou seja, entender como "os efeitos são necessários à produção das próprias causas". Ação, reação, produção, reprodução.

Postulado moriniano fundamental da complexidade transdisciplinar: somos produtos e produtores daquilo que nos produz.

Se, insiste Morin na entrevista citada aqui, a complexidade requer, ou desvela, um princípio recursivo, ela também aciona e é acionada por um princípio hologramático: a parte está no todo, que está na parte. O patrimônio genético está em cada célula do organismo que a contém.

Por fim, um princípio dialógico, capaz de explicar relações que podem ser antagônicas e complementares. O mestre dá um exemplo que poderá parecer prosaico: querer fazer amor, ou sexo, sem as consequências da reprodução. O fragmento mais esclarecedor, porém, é também o mais imediato: indivíduo e sociedade podem ser antagônicos e complementares. Um está no outro. Um afeta o outro. Sempre juntos.

O que isso tem a ver com educação? Para Edgar Morin, sair das simplificações e reduções, num tempo em que todos os problemas são fundamentais e globais, como se viu com a pandemia do coronavírus e a guerra na Ucrânia, implica uma reforma do pensamento, que passa pelas escolas, pelo ensino, pela maneira de educar. Em outras palavras, sair da educação como sistema de hierarquia social, reprodutor de modelos dominantes, assentados em relações históricas de poder, dominação e exclusões, e postular que se pode viver de outra maneira, sem, contudo, voltar a cair na armadilha da utopia do melhor dos mundos.

O que pode fazer o professor em sala de aula? O que deve fazer a escola? O que pode esperar o aluno? O que a sociedade pode reclamar? Quem sabe tomar ao pé da letra o termo usado por Morin: reforma. Ele fala em reforma do pensamento, não em revolução. Não se trata de fazer terra arrasada, como se diz, nem de jogar a criança fora com a água da bacia – esses clichês traduzem certa sabedoria comum e se infiltram no texto com alguma dose de ironia e outra de convicção –, mas de introduzir mudanças, de resto, já em curso em muitos lugares, capazes de provocar alterações substanciais a médio e longo prazo. Introduzir ou acelerar dispositivos de reforma do pensamento e da educação.

Como assim? Investir o máximo possível em aproximações, ligações, religações, atividades de grupo, trabalho em equipe, cooperação, quebrando as cadeias das atrações aparentemente espontâneas, mas, de fato, acionadas por afinidades invisíveis de distinção e reunião de semelhantes por trajetória social em contraposição a diferentes por exclusão de classe, gênero, raça ou outro elemento dessa ordem. A grande reforma terá de ser o resultado de políticas de largo alcance. As microrreformas, no entanto, podem abrir caminhos, estimular mutações, ajudar a produzir a produção de que serão também produtos.

Essa reforma terá um custo. A separação disciplinar também teve o seu. Esse custo deve ser visto como um investimento. As ciências, especialmente as humanas, trabalham com probabilidades. Mesmo quando não fazem a prova definitiva de algo, podem convencer. O convencimento, por argumentação rigorosa, gera consequências. Quem se convence, por consequência, passa a agir de uma maneira e não de outra. Convencimento e consequência fazem parte desse jogo social. É fundamental que cada um ouse saber mais, não se intimidando com a máxima de que cada um deve saber o mínimo para ter verdadeiro conhecimento, abrindo mão do todo em nome do domínio da parte. A modernidade, de certo modo, estimulou o hiperconhecimento parcelar, o autor de obra única, de gênero único, uma monocultura intelectual. O romancista tem vergonha de assumir-se poeta. A história da genética mostra que foram muitos os que pularam a cerca das suas disciplinas para aventurar-se nas diversas etapas das descobertas do gene.

Watson não sabia nada sobre a técnica de difração de raios X, mas tinha uma intuição infalível sobre a importância de certos problemas biológicos. Especializado em ornitologia pela Universidade de Chicago, ele evitara com assiduidade fazer cursos de química ou física que parecessem até medianamente difíceis. No entanto, algum instinto migratório o levou ao DNA.[2]

James Watson é apenas um exemplo entre os tantos que poderiam ser citados com esse "instinto migratório" fundamental. A especialização como aprofundamento rigoroso é sempre positiva; a hiperespecialização, como veto ao interesse por outras áreas de conhecimento, é um excesso perigoso. Uma escola da complexidade deve ser transdisciplinar, o que significa estar aberta a um pluralismo metodológico e a migrações capazes de produzir encontros, religações, sintonias e colaborações.

Se não é possível dominar todos os conhecimentos existentes, certamente é provável que se possa abraçar mais do que o aceito como legítimo no modelo da compartimentação disciplinar dominante. Uma sociologia das relações de poder está

---

2. MUKHERJEE, 2016, p. 179.

mais apta possivelmente a explicar a perpetuação desse sistema do que a epistemologia. A ordem é pular a cerca, cortar o arame farpado que impede o acesso a áreas controladas como feudos por seus proprietários de plantão. Não é tarefa fácil. O próprio Edgar Morin passou a vida sendo rejeitado pelos donos da verdade de cada momento da sua vida. Muitos "ismos" científicos, políticos e ideológicos – existencialismo, marxismo, estruturalismo, maoismo, neoliberalismo – surgiram e passaram. Ele permaneceu. Críticas não faltam. Pensar pode ser uma navegação a contracorrente. O convencimento produz as suas consequências. Os mistérios do conhecimento resultam em revelações.

# 4
# ORGANIZAÇÃO E INTERAÇÃO

Para que serviria a complexidade transdisciplinar se não fosse possível alterar a ordem de um sistema rodado por anos e anos de simplicidade redutora, de simplificação? A chave para essa questão talvez esteja em dois termos: organização e interação. O formato das salas de aula vem sendo alterado persistentemente. As filas de mesas em formação militar vêm cedendo lugar a todo tipo de geometria variável, do círculo à eliminação de qualquer desenho prévio. Novas formas de organização devem levar a novos modos de interação. E vice-versa. Lançados os dados da liberdade o acaso não será abolido nem impedido. Uma combinatória lúdica coloca todos em interação com todos.

O observador pedagógico atento poderá dizer que tudo já foi tentado e que nada há de novo no front. A afirmação pode ser considerada verdadeira em partes. A questão é de medida, dimensão, alcance. As restrições orçamentárias, a tradição, a cobrança de resultados imediatos, a agenda inercial e a expectativa socialmente consolidada forçam a adoção dos modelos clássicos. Defende-se, de certo modo, a aplicação e disseminação de um repertório naturalizado. Dado que a sociedade define tais conteúdos como fundamentais, as cobranças serão em relação a eles e o domínio deles fechará o ciclo, ponto de partida e ponto de chegada justapondo-se num teste de confirmação. O problema se dá quando alguém, o próprio aluno, pergunta candidamente: "Por que preciso saber disso?".

A organização afeta a interação. Já existem experiências de subversão total da ordem clássica do espaço de aprendizagem, passando da ênfase no ensino para uma concepção de construção do saber. Como qualquer um sabe, especialmente pais de alunos nas últimas décadas, muitas são as críticas aos métodos que tiram o conteúdo de foco e investem em novos formatos de interação e organização. Morin defende uma modalidade de organização e interação: a complexidade transdisciplinar. Não basta tirar as mesas das salas de aula ou formar círculos, retângulos ou qualquer outra forma geométrica. A aprendizagem não funciona como um sistema tático no futebol. Mesmo no futebol, com seus modelos geométricos expressos em números – 4-4-2 ou 4-1-4-1 – ou geometricamente – um losango no meio-campo –, o começo da partida modifica prontamente o desenho inicial. Com as peças em movimento surge a necessidade de improvisação e de tomada de decisões não previstas pelo treinador. O acaso também entra em campo levando com ele a possibilidade do erro ou do gesto poético que desconcerta.

No concerto, às vezes, o essencial é desconcertar. Certa vez, um jovem desempregado definiu a importância para ele de saber o que era uma palavra indivisível: "Serve para acertar questões em concurso para servir cafezinho em tribunal". Certos conhecimentos são bons para construir classificações, que são boas para excluir pessoas ou hierarquizá-las conforme as necessidades do momento. A reorganização dos modos de ensino-aprendizagem passa por uma redefinição daquilo que é importante para uma sociedade num determinado momento histórico. Aquilo que é certo numa época pode ser errado em outra. É o que acontece com as línguas, espremidas entre o uso geral e as normas definidas por grupos dominantes em condições de fixar o padrão. Em português, por exemplo, não pronunciar a desinência do plural é erro grave. Em francês, o contrário. Certas grafias da época de Machado de Assis migraram do certo para o errado. A língua é viva e mutante.

Em linhas gerais, dois modelos se enfrentam quando se trata de pensar a escola: numa concepção, o importante é fazer pensar; noutra, fornecer conteúdos previamente definidos e legitimados que serão cobrados pela sociedade na hora de entrar no mercado do trabalho. Assim como se pode falar de um Deus dos teólogos, há um padrão dos pedagogos e outro do povo, com a permissão do leitor para esse termo vasto como o mundo e impreciso como a vida. Paradoxal é que das ruas saem as principais liberdades em relação aos cânones. Uma escola da complexidade transdisciplinar ou transdisciplinar complexa não rejeita em bloco essas duas possibilidades: integra-as. A linha de corte não está em rejeitar um para melhor assumir o outro, mas em como organizar o sistema para que as interações possíveis levem a resultados não simplesmente quantitativos, satisfatórios em todas as suas dimensões.

Todas as sociedades definem conteúdos a serem passados às novas gerações. Esses conteúdos mudam com maior ou menor velocidade em culturas tradicionais ou modernas, conforme predomine o valor permanência ou o valor novidade. O capitalismo de consumo privilegia, mais do que qualquer outro sistema, a novidade, a mudança, a aceleração, chegando a fabricar obsolescência programada. Também aquilo que se aprende muda com certa frequência de acordo com o que se poderia chamar de valor social da informação ou do próprio conteúdo. Essa mudança no repertório pode acontecer por força do mecanismo da busca obsessiva pela novidade ou como instrumento para renovar o sistema de hierarquia social quando este vê seus contornos sendo apagados pelo avanço daqueles que deveriam ser mantidos ao largo.

A organização funciona como o eixo coordenador de qualquer sistema educacional. A interação pode ou não compor o circuito. No passado, o silêncio do aluno era prova de atenção e respeito ao professor. Max Weber, no clássico publicado no Brasil com o título *Ciência e política: duas vocações*[1], queria proteger o aluno da influência excessiva do professor na medida em que um tinha o poder da fala e outro estava condenado a não se manifestar. Não havia interação.

O verdadeiro professor se impedirá de impor, do alto da sua cátedra, uma tomada de posição qualquer, seja abertamente, seja por sugestão – pois a maneira mais desleal é evidentemente a que consiste em "deixar os fatos falarem". Por que razão, em essência, devemos abster-nos? [...] O professor tem a palavra, mas os alunos estão condenados ao silêncio [...]. A um professor é imperdoável valer-se de tal situação para buscar incutir, em seus discípulos, as suas próprias concepções políticas, em vez de lhes ser útil, como é de seu dever, por meio da transmissão de conhecimentos e de experiência científica.

Se o professor continua eticamente não autorizado a fazer pregação político-partidária ou doutrinária em sala de aula, o aluno não pode mais ser visto como alguém condenado ao silêncio. A interação tornou-se o valor principal embora parte

---

1. Ver WEBER, Max. *Ciência e política: duas vocações.* São Paulo: Martin Claret, 2003, p. 27. Um dos pais da sociologia, Weber refletia sobre um aluno silencioso, à mercê da fala autorizada do professor.

dos professores ainda não saiba exatamente o que fazer com ela, especialmente quando não se pode controlá-la, o que, para muitos, se confunde com indisciplina.

Há uma mutação no ar que ainda não se consumou totalmente. Uma organização caducou; outra está por se impor. Nessa transição, como em toda passagem, há muita bruma e indefinição. No cotidiano não é difícil encontrar nostálgicos da época em que a autoridade do professor não podia ser contestada e luzia com o padrão-ouro da educação. Diante da provocação de que houve um tempo em que os professores podiam bater nos alunos – a palmatória não é ficção nem uma realidade exclusiva de séculos anteriores ao XX –, rebatem que agora os alunos é que podem bater nos professores. Da mesma forma, se o aluno weberiano estava condenado a apenas ouvir, o professor do século XXI tem como principal missão saber escutar e deixar falar.

O ponto de inflexão encontra-se agora em outro lugar. Para uma educação complexa, transdisciplinar e dialógica, qualquer que seja o repertório, pois sempre haverá minimamente algum, o essencial estará na forma de acesso a ele. O professor weberiano era útil à sociedade "por meio da transmissão de conhecimentos e de experiência científica". Pode-se entender que a relevância daquele que ensina deslocou-se do conhecimento acumulado a transmitir com base no argumento de autoridade para a capacidade de sedução e convencimento. O aluno definitivamente aparece como um público a ser conquistado, uma plateia exigente e instável a ser seduzida rapidamente, pois tende a se entediar com facilidade. Se não conseguir os aplausos do seu público, o professor fracassa. Nesse sentido, o professor torna-se mais avaliado do que avaliador. A interação precede a organização.

A questão principal passou a ser esta: que meios empregar para que a interação atinja o seu nível ótimo? Há experiências que podem ser chamadas de extremas ou libertárias: formar grupos ou turmas e esperar que a interação espontânea entre os membros produza uma organização e desta resulte uma transformação educativa capaz de alterar indivíduos em relação aos seus pontos de partida. Algo que possa fazer pensar num grupo escalando um pico nevado sem guia. Nessa perspectiva, o professor está morto. Essa pedagogia da interação autogerida tem seus riscos e atrativos. Na era do *coaching*, porém, não parece ser a tendência dominante, salvo para gerar lideranças imprevistas. O professor ganha novo nome: líder.

Em experiências que ainda levem em consideração o professor, como é o caso de uma escola da complexidade, organização e interação são pares inseparáveis. Uma depende da outra. Esse é certamente o elemento a explorar em termos de pesquisa e prática quando se trata de aprofundar a reflexão sobre a transição do paradigma esgotado para uma nova modelagem educativa em construção. Que organização permite o máximo de interação? Quanto de interação leva a uma nova constelação organizacional, resultando numa teia, ou rede, transformadora? A organização precisa ser concebida como uma estrutura maleável cujo núcleo é formado por unidades mínimas de comunicação. Uma constelação entra em colapso quando há saturação comunicativa, o que impede novas trocas e oblitera o caminho da interação. Durante muito tempo, contudo, a questão comunicacional não foi levada em conta. Assim, a interação não era um valor a ser equacionado ou regulado. Doravante, educação tem a ver com modalidades de organização que contemplem no melhor grau possível a variável interação. Como em toda organização, efeitos perversos podem rapidamente aparecer. Interação pode ser confundida com interativismo; dialógica, com falação; fusão, com confusão; experiência, com experimentalismo; formação, com formatação. A educação, como iniciação, recusa qualquer ideia de adestramento. Como saber o ponto certo? A resposta mais honesta é: não sabemos. Ou não sabemos de antemão. É preciso praticar para saber. Edgar Morin não se cansa de explicar que a racionalidade pode descambar para o racionalismo. A primeira é ferramenta e faculdade. O segundo, efeito secundário e dogma. As modas intelectuais apresentam-se muitas vezes sob a forma dogmática do racionalismo, quando tudo deve ser encaixado na última visão em voga e nada pode destoar. A caminhada exige espírito aberto para o imprevisto. O caminho do pensamento é um caminho da descoberta e do autoesclarecimento. Quem volta para casa igual depois da viagem perdeu o trem da aventura.

# 5
# Pedagogia da imagem

Que imagem cada um tem da escola? Que imagem se tem de uma época chamada de era da imagem? A infância normalmente é povoada de imagens. Desenhos e cores incendeiam a imaginação de meninas e meninos. Livros infantis encontram fácil acolhida. É quando os livros perdem as imagens e os alunos começam a perder as fantasias dos primeiros anos de vida que a leitura sofre um choque de rejeição. Não é preciso fazer discursos e sermões em defesa das imagens. Elas fluem de mão em mão, de coração em coração, de mente em mente como algo "natural". O texto, ao contrário, mostra-se inicialmente como não natural, artificial, engenhoso, artifício da produção contra a liberdade infantil da imaginação. Mostrar que a escrita contém imagens e que pode inflamar almas ainda é o primeiro grande desafio da escola.

Paradoxos fazem parte da vida. A escola precisa encantar, reencantar e, ao mesmo tempo, no sentido weberiano da palavra, desencantar. É seu papel falar da natureza e das suas leis, da ciência e das suas descobertas, dos homens na história e dos seus poderes, ambições e guerras. Cada ano escolar significa um tanto de fantasias desconstruídas. Crenças, mitos e ideologias tendem, contudo, a resistir aos processos escolares de desencantamento. Defensores do ensino em casa temem que não seja assim. Preferem evitar que um filho seja exposto à escola moderna, filha do iluminismo, cuja principal missão continua sendo o esclarecimento. Por esclarecimento entende-se a capacidade de fazer demonstrações e assim combater a ignorância e a superstição. Se alguém crê que a dengue é transmitida por uma formiga ou por um anjo mau, a educação tem obrigação de mostrar que isso é falso. A educação trabalha com relações de causa e efeito.

Uma escola da complexidade precisa estar em sinergia com o ar do seu tempo. A imagem é o seu firmamento e o seu chão de fábrica. Durante séculos, no entanto, a imagem foi a louca do universo. Desconfiava-se dela. Não poucos foram os iconoclastas, aqueles que buscavam destruí-la. Ela, porém, venceu. Há na imagem algo de irredutível ao racionalismo. Gilbert Durand, desde o final dos anos 1950, abriu caminho para uma nova leitura do poder da imagem, que para ele deve ser estudada por meio da imagem. Na gema do símbolo há significados. Ao pensar as estruturas antropológicas do imaginário em dois regimes – diurno e noturno –, ele estava falando de constelações de imagens. Se o regime diurno se caracteriza pela dissociação, pela polêmica, pelo ascensional e pelo cortante, o regime noturno "está constantemente sob o signo da conversão e do eufemismo".[1]

Em que sentido essa teoria pode ser útil para a educação do século XXI? Ninguém duvida que se está vivendo no mundo das imagens. Um universo de telas de todos os tipos, materiais e tamanhos. Se houve um tempo em que armazenar e transferir imagens e sons era difícil, hoje nada mais banal. Não faltam críticas a procedimentos imagéticos como a expressão de sentimentos por emojis. O princípio da linguagem, porém,

---

1. DURAND, Gilbert. *As estruturas antropológicas do imaginário*. São Paulo: Martins Fontes, 2001, p. 224.

tende a ser de economia: dizer mais com menos e mais rapidamente. Uma expressão ideográfica espalha-se pelo mundo com a rapidez das interações digitais. Crianças são alfabetizadas na linguagem intuitiva da imagem. A Apple, empresa fetiche da era dos computadores e dos dispositivos eletrônicos, consagrou-se com interfaces imagéticas. Tudo aquilo que possa ser mostrado, ou seja, apresentado em imagens, necessariamente tem de sê-lo. Em algum momento, professores imaginaram suas aulas como telejornais, com chamadas dos assuntos do dia, imagens em profusão, comentários, análises e opiniões. Se o telejornal tende a definhar como parte de uma época, a da televisão, a sua dinâmica deixará rastros, vestígios que se modificarão com o tempo, mas, em algum grau, permanecerão na paisagem tecnológica e educacional. Mesmo com novos meios e novos suportes, algo permanecerá: o desejo de coletar, organizar e contar histórias. Um jornalista entrevistava uma celebridade – um prêmio Nobel da literatura –, gravava em áudio as respostas do entrevistado, transcrevia laboriosamente tudo e publicava em texto uma imagem pálida do que havia sido a conversa. Tudo se tornou possível: publicar só o áudio, o vídeo, um texto, todos juntos. Um telejornal ao vivo permite a entrada de entrevistados. Uma aula, graças a ferramentas como o Zoom, possibilita o uso de recursos equivalentes: apresentação do assunto, descrição de problemas, escuta de especialistas, inserção de casos.

Criado no universo da imagem, o aluno, em qualquer fase da sua trajetória escolar, não pode mais ser submetido a uma dieta sem o prato principal. Privá-lo de imagens significa condená-lo a passar horas num deserto de estímulos. As imagens falam. O que elas dizem? Eis a questão. Depende. O professor, cancelado pelos mais afoitos, ressurge como intérprete ou como mediador desse diálogo com as imagens. Se a privação de imagens pode levar a uma espécie de abstinência ou de revolta contra o sistema, o excesso de imagens pode produzir uma indigestão, transformando aulas ou cursos inteiros em exibição desenfreada e desconectada de vídeos sem entrelaçamento.

A imagem tem como característica uma densidade que tende para o silêncio. Uma velha tirada jornalística diz que uma imagem vale por mil palavras. Certo. Quais? Na era da imagem, no espaço da educação, um novo desafio se impõe: fazer falar as imagens. Arrancar das suas armaduras sedutoras, por trás das quais fervilham símbolos, significações possíveis. Durand organizou o mundo cotidiano a partir de imagens que escolheu e interpretou. Atribuiu-lhe sentidos. Tentou com esse procedimento, bastante bem-sucedido, fazer coincidir o mapa e o território, a imagem e suas leituras dominantes, o vivido e suas possíveis estruturas subjacentes. Deu à luz o que se esconde por trás dos pontos luminosos das imagens recorrentes e mais cotidianas. Para ele, como para Edgar Morin, só se entra num imaginário pela via da pluralidade disciplinar. A imagem não se entrega a um único tradutor.

Não se trata meramente de reconhecer a hegemonia das imagens neste momento histórico que Michel Maffesoli não hesita em chamar de pós-moderno. Para Maffesoli, a pós-modernidade é saturação de imagens, estética barroca, pérola rugosa, pluralismo, polissemia, politeísmo, ecletismo, relativização de dogmas, cruzamento de pontos de vista, relativismo como exercício de colocar em relação, uma nova erótica social, fusão, confusão, iniciação permanente, comunhão e passagem.[2] Imagens. Como interpretá-las, validá-las, recusá-las, integrá-las?

2. Ver MAFFESOLI, Michel. *À sombra de Dionísio*. Rio de Janeiro: Graal, 1985.

Uma pedagogia da imagem implica o uso de imagens como recurso didático, a interpretação dessas imagens como procedimento hermenêutico e a organização de estratégias metodológicas que favoreçam uma dialógica das relações. O peripatético grego pode voltar a atuar, movimentando-se diante de uma tela ou, conforme as disponibilidades, andando até algum lugar num jardim, onde cada membro da tribo – vidrado no seu celular – possa comungar em torno das mesmas imagens. A educação do século XXI será imagética ou não será. Portugueses falam em literacia da imagem. Um paradoxo aparece: se toda uma geração cresce na cultura da imagem, o que ainda lhe poderá ser dito sobre esse universo no qual está imersa desde sempre? Uma resposta contundente – regime diurno – talvez seja esta: tudo.

Uma imagem, ao contrário do que diz o senso comum, não fala por si, ou não sempre, ou quase nunca, raramente. Como qualquer discurso, exige interpretação. Como a sua natureza é fugidia e rugosa, presta-se ainda mais ao jogo da atribuição de significados. Uma imagem pode dizer muita coisa, porém não tudo. Pode ter muitos significados, mas não todos. Pode ser expressiva ao extremo, mas não se abrir ao primeiro olhar. Pode-se considerar, por outro lado, que a imagem não seja um discurso, talvez seja até mesmo a sua negação, mas isso significa condenar ao silêncio toda a nossa cultura. Estaríamos novamente na caverna vendo sombras enigmáticas. Tomar a imagem como discurso, mesmo que isso contrarie um Gilbert Durand, significa apostar na troca de significados, no diálogo e na comunhão de sentidos. No reino da imagem, a pergunta mais necessária é simples: "É isso mesmo que eu estou vendo?".

Uma pedagogia da imagem não se resume a uma metáfora anacrônica da educação pelo exemplo, pela ilustração ou pela plasticidade. Imagens fundem significados e confundem olhares.

No mundo da imagem, a primeira atribuição de um professor é agir como mediador da sua interpretação. Isso não quer dizer que ele terá a primeira ou a última palavra sobre o significado a atribuir a uma imagem. Tampouco que terá de se restringir a uma postura de mediador de mesas burocráticas, na qual alguém, muitas vezes uma celebridade bem paga, é convidado a simplesmente passar a palavra e a ler as perguntas do público. O professor weberiano pertencia ao regime diurno do imaginário educacional. Vertical, cabia-lhe distribuir o conhecimento, julgar os receptores e cortar categoricamente qualquer objeção. A divisão não estava do lado do diálogo, mas da geografia da sala, uma separação incontornável entre palco e plateia, entre cátedra e classe. O professor da pedagogia da imagem talvez pertença ao regime noturno da imagem. Como diz Durand, "a preocupação com a conciliação é marca do Regime Noturno [...] A poética noturna tolera o claro-escuro."[3]

Tal inclinação não deve ser interpretada como uma autorização à leniência, salvo-conduto para a indefinição ou para um saber incompleto. O rigor é de rigor. Mais uma vez, não se trata de trocar um saber seguro por outro hesitante. Trata-se de não afirmar como inquestionável aquilo que continua sendo objeto de controvérsia e de mostrar diferentes teorias sobre algo, pontuando pontos fortes, fracos ou absurdos consolidados. Um saber seguro, porém humilde. Modéstia epistemológica. Sem, contudo, perder a credibilidade. O aprendente, mesmo nestes tempos de dessacralização das tantas figuras verticais, com exceção talvez do guru e do coach, que pode simular horizontalidade sem crer nela ou praticá-la, continua esperando que o professor tenha algo a lhe dizer, algo que ele ainda não saiba.

Ou a lhe mostrar.

---
3. DURAND, Gilbert, 2001, p. 307.

# 6
# RAZÃO SENSÍVEL E IMAGINÁRIO

Não se assenta uma construção sólida sobre bases fracas. É necessário um bom alicerce. Se o racionalismo aparece como um efeito perverso, metástase de um processo excessivo de racionalização, há de existir um remédio contra isso. Michel Maffesoli entende que a saída é recorrer a uma razão sensível.[1] Tal postulado exige uma cadeia de elementos sem os quais não se concretiza: de uma "crítica da abstração" a uma valorização da experiência cotidiana passando por um "pensamento orgânico" e uma abordagem vitalista, centrada na descrição das coisas como elas se dão a ver e numa abordagem do vivido.

A razão sensível ocupa-se de narrativas do vivido a partir dos sentidos que orientam as percepções humanas, aceitando até mesmo a intuição como pontapé inicial de ações, atividades e empreendimentos. Trata-se de compreender a força da vida, o vitalismo que faz seguir em frente apesar das grandes dificuldades que afetam grande parte da população mundial. Compreender significa considerar profundamente as estratégias adotadas pelas pessoas ou comunidades em situações concretas para sobreviver, viver intensamente ou contornar o poder. Uma razão sensível foge da esterilidade abstrata do racionalismo e mergulha

---

1. Ver MAFFESOLI, Michel. *Elogio da razão sensível*. Petrópolis: Vozes, 2001.

na concretude da existência para lidar com aquilo que mobiliza organicamente os grupos sociais. Nesse sentido, remete ao pensamento de Paulo Freire.[2] A única maneira de produzir um futuro melhor é focando no presente das pessoas e trabalhando com seus desejos, realidades, problemas, sonhos, dificuldades e engajamentos.

A abstração afasta aquele que deseja entender o que vive. Penetrar no imaginário social para interagir com ele requer entender o que pode ser um imaginário. Para Maffesoli, uma atmosfera, um clima social, uma aura, "magificação" do mundo[3], aquilo que transforma o ordinário (comum) em extraordinário. De minha parte, um excedente de significação, o que resta para alguém quando já se tornou passado para os demais. Mas também uma narrativa social fictícia ou mítica compartilhada como realidade tangível. O imaginário mobiliza. Tem potência de motor. Funciona como reservatório de experiências sensíveis. Impulsiona, insere em contextos, define um campo de ação.

A educação vertical pretendia e pretende dizer ao outro, o aprendente, como ele deve ser, o que deve pensar, o que valorizar. Fornece um quadro completo de posturas. Diz o que é bom, belo, verdadeiro e fundamental. Ampara-se numa lógica do dever ser. Dá respostas prontas às famosas questões kantianas: "O que posso saber? O que devo fazer? O que me é permitido

---

2. Ver FREIRE, Paulo. *A pedagogia do oprimido*. Rio de Janeiro: Paz e Terra, 1987.

3. Para entender melhor a concepção de Michel Maffesoli de imaginário, ver: Michel Maffesoli, o imaginário é uma realidade. *In: Revista Famecos*. Porto Alegre: Edipucrs, 2001. Disponível em: https://revistaseletronicas.pucrs.br/ojs/index.php/revistafamecos/article/view/3123

esperar?".⁴ Define também o homem, o humano, seu lugar no mundo. Não reconhece os imaginários. Nem sequer lida com essa noção. Uma escola da complexidade não pode deixar de auscultar aquilo que é, de ver a substância na qual estão imersos os indivíduos e suas sociedades. Uma perspectiva parte de fora para dentro, buscando moldar o bom cidadão; a outra parte de dentro para fora, tentando compreender a pessoa no seu ecossistema social.

Uma objeção possível a essa inversão de perspectiva consiste em destacar que a história ensina. Uma tábua de valores e um conjunto de conhecimentos, nessa lógica, impõem-se como resultado da experiência vivida e aprovada. Não se parte do zero a cada vez. Sem recorrer à ironia de que o conhecimento da história não evita que os mesmos erros sejam repetidos (Oscar Wilde pretendia que a história é apenas a soma dos nossos erros ou que "experiência é o nome que damos aos nossos erros"), vale enfatizar que cada situação é vivida como única. Uma vida não se resume a uma síntese de outras tantas. A especificidade do humano é essa unicidade na continuação. Trazer alguém para o jogo da educação, com envolvimento e desejo, passa por acionar esses mecanismos complexos que regem o ser no cotidiano.

Novas respostas para velhas perguntas? Novas perguntas para outras sem respostas? Viver sem respostas definitivas? Ousar viver apesar dos mistérios intransponíveis da existência? Lidar com a diversidade de respostas para questões enormes e que podem passar por retóricas: por que estamos aqui? Essa pergunta pode ser metafísica ou muito concreta. Por que estamos aqui neste bairro e não em outro? Nesta classe social e não em outra? Nesta condição e não em outra? Há respostas religiosas, socio-

---

4. Ver KANT, Emmanuel. *Crítica da razão pura*. Lisboa: Fundação Calouste Gulbenkian, 2001.

lógicas, históricas e desencantadas, do tipo: loteria existencial. O professor, qualquer que seja o desenvolvimento tecnológico, continuará no centro dos processos educacionais. Professor e aluno. Um par indissociável. Esses nomes já não são os mais adequados? Por que não? Não nos tornaremos todos autodidatas. A ação da inteligência artificial tem um limite. Essa fronteira pode atender pelo nome de imaginário: o lugar onde a subjetividade reina sem fazer concessões. Professor será aquele que colocará velhas e novas perguntas, apresentará respostas conhecidas, ousará propor novas abordagens, promoverá a reflexão sobre essas respostas catalogadas, ouvirá as respostas do seu público, criará situações favoráveis à emergência de outras perguntas e respostas, ajudará a abrir as torneiras da criatividade e usar a tecnologia como apoio. A tecnologia, já se sabe, não é neutra. Ela afeta os ecossistemas sociais para além do uso que cada um faz delas. A escola já não é a mesma. Tem sido afetada frontalmente pelo desenvolvimento tecnológico. Graças a ela metodologias são transformadas. Nunca se teve tanto acesso a informações antagônicas ou complementares. Assim como o jornalista, o professor torna-se ainda mais necessário como organizador, mediador, problematizador, questionador, debatedor.

 Cada época com as suas tarefas essenciais. O professor da escola da complexidade nesta primeira metade do século XXI precisa ser vetor de combate ao dogmatismo, ao racionalismo esterilizante, aos preconceitos e discriminações (racismo, homofobia, machismo, transfobia, gordofobia, etarismo etc.), à intolerância – religiosa, política ou outra –, que ganhou nova intensidade explorando a ideia de tolerância, como se a tolerância para não cair em contradição devesse tolerar a intolerância. Uma razão sensível conecta-se aos imaginários existentes e abre-se para suas especificidades. Um mundo democrático não pode ser organizado a partir de uma noção sufocante de ordem. Certa entropia é fundamental para abrigar a desordem criativa, a festa e o novo. Longe vai o tempo da sala de aula weberiana silenciosa. O mestre atualmente precisa saber lidar com a contestação e até com a refutação do seu saber imediato. A qualquer momento um aluno, celular na mão, invocando o Google, pode desmentir o professor. A solução dificilmente passa por expulsar o celular do recinto. Evidentemente que essa refutação pode ser o fruto de uma tentativa de colaboração, tendo o aluno percebido o erro do professor, ou ser uma estratégia de desqualificação daquele que continua a ser visto como detentor de um poder, o poder de avaliar, o poder de distinção funcional prévia.

Essa nova situação produz estresse. Ela pode ser o sintoma da má preparação dos professores ou a simples afirmação da impossibilidade de conhecer tudo. Por um lado, induz a uma profissão de fé na modéstia. Por outro lado, alerta para a necessidade paradoxal de domínio de conteúdos numa época em que o conteudismo é contestado e todos os conteúdos estão disponíveis na internet. Durante muito tempo o professor foi o detentor de tesouros que estavam longe das mãos e das mentes dos alunos, em bibliotecas distantes ou em cursos inacessíveis. O professor funcionava com um degrau intermediário entre a fonte original e o destinatário final. Quanto mais essa informação era rara, maior o poder do docente. A escassez era a sua força.

A razão dominante nesse paradigma era, com a permissão do jogo de palavras, insensível. Não é que controvérsias e contestações fossem impossíveis. Elas exploravam margens, caminhos tortuosos, confrontos brutais, sancionados com castigos, exclusões, desonras e inimizades. Esses choques continuam existindo, em certos casos com uma violência inconcebível, mas a punição pura e simples já não aparece como o horizonte a resolver o problema. A volta aos tempos antigos, em que o professor era autoridade absoluta por estar autorizado a recorrer a dispositivos autoritários, não figura como a coisa certa a fazer.

Michel Maffesoli, com sua tendência a iluminar os problemas mais difíceis, não hesita em fazer a pergunta frontal: "Qual a sensibilidade teórica, ou melhor, as categorias úteis para captar e compreender as novas formas de socialidade que surgem diante dos nossos olhos?".[5] Por "socialidade", Maffesoli entende algo orgânico, vendo na "sociabilidade", conceitualmente falando, atitudes mecânicas. Qual a resposta que ele mesmo dá à sua pergunta? Uma resposta provável, modesta, possível, provável: conectar-se ao que está aí, ao que se mostra, ao que fervilha nas manifestações de base, no mundo vivido no cotidiano, sem insistir em impor um dever ser abstrato. Uma sensibilidade teórica, portanto, relativista, relativizando o próprio relativismo, aberta, pluralista, atenta a sabedorias sociais.

O colonialismo europeu impôs a uma parte considerável do mundo seus valores e sua epistemologia. Espanta-nos que um indígena brasileiro converse com uma pedra. Conversamos com o invisível. Ailton Krenak, na sua crítica ao antropoceno, vai ao ponto crucial:

> Essa configuração mental é mais do que uma ideologia, é uma construção do imaginário coletivo – várias gerações se sucedendo, camadas de desejos, projeções, visões, períodos inteiros de ciclos de vida de nossos ancestrais que herdamos e fomos burilando, retocando, até chegar à imagem com a qual nos sentimos identificados.[6]

---

5. Ver MAFFESOLI, Michel, 2001, p. 172.
6. KRENAK, Ailton. *Ideias para adiar o fim do mundo*. São Paulo: Companhia das Letras, 2019, p. 58-59.

Não há acaso na formatação de uma visão de mundo como a que resultou do colonialismo europeu. Gilbert Durand defendia uma "pedagogia do imaginário", uma "fantástica transcendental", um "trajeto antropológico": "A incessante troca que existe ao nível do imaginário entre as pulsões subjetivas e assimiladoras e as intimações objetivas emanadas do meio cósmico e social".[7] O que isso nos diz? Reagimos, desviamos conteúdos, inventamos novos sentidos, misturamos, distorcemos, confundimos, fundimos, mas não o fazemos em plena liberdade e consciência. Muitas vezes, no jogo que se estabelece, perdemos e por longo tempo vivemos à margem das nossas possibilidades, anseios, desejos e concepções desenhadas em paralelo ao dominante.

Uma razão sensível precisa ser sensível pelo uso dos sentidos, naquilo que remete ao estético como interação tátil com o mundo, mas também ser sensível ao que fica de fora da narrativa hegemônica, trazendo para a teia do conhecimento, do saber que mobiliza e apaixona, o outro, seu universo, sua realidade, seu imaginário, algo que, na cena global contemporânea, aparece com muita força, por exemplo, na cultura *rap*, criação transbordante de experiências singulares periféricas em cruzamento destoante, antagônico e complementar, com as "intimações objetivas" do meio dominante e uniformizador. Aprender e ensinar encontram-se no verbo interessar matizado por um pronome reflexivo: interessar-se. A comunhão que cala no imaginário se dá quando um se interessa pelo outro numa afinidade pedagógica e existencial. O desinteresse, em geral, funciona como sintoma de uma ligação que falhou por excesso de abstração e distanciamento. O importante é perceber a fratura para que se invista em religação.

---

7. DURAND, Gilbert, 2001, p. 38.

# 7
## Aprendizagem compartilhada

Falar em aprendizagem compartilhada pode arrancar uma exclamação abafada: óbvio! Sim, sabe-se mais do que nunca da importância do compartilhamento de informações e do valor da colaboração na resolução de tarefas complexas ou na construção lúdica do conhecimento. Jogar coletivamente pode transformar percursos áridos em divertidas explorações. O mais relevante, portanto, talvez esteja na periferia dessa questão central: o que se entende por aprendizagem compartilhada? As experiências concretas mostram, muitas vezes, que estudantes nem sempre gostam ou acreditam em trabalhos em grupo. Há sempre alguém que se recusa a entrar num grupo ou tenta escapar por alguma fresta das regras formuladas, algo do tipo "todos os grupos já estão fechados". Na prática, contam alunos em momentos de descontração, sempre tem algum colega que é levado nas costas. Pior do que isso, não raro, há alguma denúncia: "Fulano não fez nada". Delega-se, com frequência, a tarefa a alguém ou se combina um rodízio.

Nem tudo, porém, fracassa. Se a dinâmica for bem encaminhada, pode mobilizar, encantar e gerar produção coletiva, especialmente quando envolve criatividade ou temáticas sensíveis. O Youtube está cheio de vídeos produzidos coletivamente a partir de tarefas de sala de aula. Há casos de muita criatividade e de alto desempenho da equipe. No fundo, simplificando, depende muito da pauta e do que se espera como resultado.

Certa vez, um estudante brilhante, mas um tanto desinteressado, explicou ao seu professor: "Nós, jovens, não gostamos de perder tempo". A ideia tem um tanto de paradoxal e de fascinante: aqueles que têm a vida pela frente não têm tempo a perder. Evidentemente que isso diz respeito ao conjunto de elementos de uma disciplina, do programa aos autores escolhidos para leitura ou abordagem. Não é disparatado pensar que parte do desinteresse dos jovens universitários por livros venha do trato com grandes autores do século XIX para os quais não se está preparado na adolescência. Eu mesmo já ironizei em crônica que a culpa seria de José de Alencar. Depois de *A pata da gazela* qualquer relação com a literatura estaria comprometida. A prosa poética de Alencar não comove os jovens da era da internet. "Verdes mares bravios da minha terra natal, onde canta a jandaia nas frondes da carnaúba" não provoca êxtase. Depois de recitar o sublime começo de *Iracema,* o professor pergunta ao aluno o que sente. A resposta é acachapante: nada. Culpa da modernidade? Da pós-modernidade? Da indústria cultural? Da televisão? Da internet?

Possivelmente do tempo e dos imaginários que passam por profundas metamorfoses. A ironia e o humor cínico de Machado de Assis talvez só possam ser entendidos depois dos cinquenta anos de idade. Não se pode, contudo, esperar a aposentadoria para ler o maior escritor brasileiro. Capitu não espera. Muito menos um narrador defunto ou um defunto narrador. É preciso arriscar, insistir, apostar, sabendo da margem de erro. A opção de simplesmente inverter o programa e ir do mais novo para o mais antigo talvez impeça de algum dia se chegar aos clássicos. Um estudante de filosofia reclamava de não ter chegado a Nietzsche no seu curso. Outro, queixava-se de não ter saído de Nietzsche. Bom, em geral, é o que não se tem, o que não se faz, o que não se alcança.

Um velho mestre fatigado, depois de décadas de vida dedicadas aos autores latinos, perguntava se isso era um prazer ou um fardo. Colegas, de brincadeira, diziam-lhe para não perder tempo colocando a questão aos seus alunos. Dito dessa maneira pode parecer um golpe contra a cultura erudita. Não é essa a intenção. Os mais pragmáticos costumam dizer que em toda turma uma minoria se encanta, uma maioria se desencanta e a média passa por média. Feitas as contas, o aproveitamento seria adequado e no centro da média de todos os tempos. O espírito inconformado se questiona: dá para fazer melhor, subir o sarrafo, encantar mais, fazer brilhar os olhos, arrancar do torpor, se torpor há? A minha resposta otimista é sempre a mesma: certamente.

Não é a opinião de Alain Finkielkraut. O filósofo francês lançou, nos anos 1980, um libelo contra a indústria cultural. Publicado no Brasil, *A derrota do pensamento*[1], a exemplo do que diria o americano Allan Bloom (1989) e, mais tarde, o britânico Roger Scruton (2013), não teve o mesmo impacto que na Europa. Finkielkraut denunciava uma sociedade que se comporta como adolescente, o retorno da barbárie legitimada, "sua majestade, o consumidor", a suposta equivalência entre um par de botas e um Shakespeare, um drible e o balé e um multiculturalismo hedonista e narcisista para o qual brilhar era o que contava. A massificação era chamada ao banco dos réus para ser condenada inapelavelmente:

> Os jovens: esse povo surgiu recentemente. Antes da escola ele não existia: para se transmitir o ensino tradicional não tinha necessidade de separar seus destinatários do resto do mundo durante vários anos, e, para ele, esse período transitório a que

---

1. FINKIELKRAUT, Alain. *A derrota do pensamento*. Rio de Janeiro: Paz e Terra, 1988, p. 150-151.

chamamos adolescência deixou de ser um privilégio burguês para se tornar uma condição universal. E um modo de vida: protegidos da influência paterna pela instituição escolar e da ascendência dos professores pelo "grupo de semelhantes", os jovens puderam edificar um mundo próprio, espelho invertido dos valores circundantes. Descontração do jeans contra convenções de vestuário, quadrinhos contra literatura, rock contra expressão verbal, a "cultura jovem", essa antiescola, afirma sua força e sua autonomia a partir dos anos sessenta, ou seja, a partir da democratização maciça do ensino.

Diagnóstico: decadência da cultura e da escola. Agente provocador do mal-estar: democratização, massificação, sociedade de consumo. O que fazer? Voltar à cultura tradicional? Reservar as universidades para elites? Impor um cânone cultural e rejeitar tudo mais? Qualquer uma dessas hipóteses, além de inadequadas, supondo-se correta essa descrição das coisas, não seria viável. Neste novo mundo tecnológico e social, que dificilmente andará para atrás no atacado, ainda que regressões, como ensina Morin, sejam sempre possíveis, o ponto central passou a ser este: o que compartilhar como aprendizagem? Cada um escolhe o que quiser numa educação à la carte? Deve existir um programa comum, um cardápio a ser degustado ou digerido por todos?

Em *Os sete saberes necessários a uma educação do futuro*[2], Edgar Morin indica que "a educação do futuro deverá ser o ensino primeiro e universal, centrado na condição humana". Faz sentido. Mas não resolve tudo. É preciso, como Morin jamais ignorou, evitar o falso universal, que tem sido branco e europeu, assim como a reafirmação do antropocentrismo, o humano

---

2. MORIN, Edgar. *Os sete saberes necessários a uma educação do futuro*. São Paulo: Cortez, 2005, p. 47.

como medida de todas as coisas. Além disso, como numa boneca russa, um problema surge de dentro do outro: o que se deve ensinar em nome dessa condição humana? O que exprime essa humanidade? Como tratar dessa condição humana, em um novo humanismo, em tempos de pós-humano, transumano e outros fenômenos ou conceitos dessa natureza? Ainda somos humanos? O que nos humaniza na época da inteligência artificial, da internet das coisas e do sistema dos objetos? Muito é possível, não tudo, o que escolher? Por quê? Escolhas são feitas, especialistas atuam, a sociedade, de algum modo, opina. Mesmo assim, o que compartilhar não é tema pacificado. Deve-se falar da prosa poética de José de Alencar ou também da sua defesa ferrenha da escravidão e da sua oposição à lei do Ventre Livre? Esses dois aspectos têm sido abordados ou o segundo desaparece sob a cobertura do corriqueiro "eram os valores da época"? Nenhuma escola é "natural" ou neutra. Programas e currículos exprimem o que partes de uma sociedade querem para o todo em determinado momento histórico. Se uma parte exala nostalgia pelo autoritarismo do passado e outra parte clama por uma escola sem temas sensíveis, chamados de ideológicos, o jogo continua indefinido, mas produzindo resultados parciais. Preparar para o mercado, para a vida, para ter espírito crítico, para a liberdade? Essas perguntas, que podem parecer antigas para pedagogos, ressoam nos corredores das instituições todo dia. Novos tempos, novas demandas, velhas disputas. As lamentações de Finkielkraut já não impressionam. A guerra contra o jeans e as histórias em quadrinhos não produz mais heróis da resistência à democracia de massa. O que compartilhar numa educação colaborativa permanece como pergunta legítima. Não haverá resposta definitiva. Como se dizia no auge do existencialismo sartreano, estamos condenados a fazer escolhas, sempre provisórias.

# 8
# COOPERAÇÃO E COMPETIÇÃO

Duas faces de uma dimensão humana. Competição em excesso produz paralisia. Colaboração insuficiente impede de dar saltos qualitativos. As grandes descobertas que levariam ao mapeamento do genoma humano mostram muita competição e muita colaboração. Maurice Wilkins e Rosalind Franklin trabalharam no mesmo laboratório no King's College, em Londres, nos anos 1950. Wilkins já estava lá quando ela chegou. Ambos queriam decifrar a estrutura do DNA. Usavam procedimentos diferentes. Brigaram tanto que o chefe teve de intervir. Rosalind era mulher num espaço dominado por homens. Vinda de uma família rica, acostumada a defender seus pontos de vista, ela não tinha a menor vontade de fazer concessões, o que desconcertava cientistas ainda acostumados a ver suas vontades satisfeitas. Depois de breves contatos com vago teor cooperativo, o distanciamento se impôs. J.T. Randall, na condição de superior hierárquico, fixou campos de ação para cada um.

Um jovem impertinente, James Watson, e um pesquisador um pouco mais maduro, Francis Crick, que não respeitavam medalhões e não se intimidavam diante de feudos, entrariam nesse jogo. Rosalind fotografava DNA. Em determinado momento, Wilkins, sem a consultar, entregou a Watson a mais perfeita dessas imagens até então, chamada de "fotografia 51". Essa atitude eticamente deplorável teria papel fundamental para a definição do modelo do DNA proposto por Watson e Crick. A ciência dava um passo extraordinário. Em 1962, Watson, Crick e Wilkins receberiam o Nobel por suas assombrosas descobertas. Rosalind Franklin, falecida em 1958, com ínfimos 37 anos de idade, não seria lembrada. Não poderia ter recebido o prêmio postumamente?[1] O que isso nos ensina? Em primeiro lugar que cientistas são seres humanos e não escapam do que afeta a humanidade: ambição, medo, vaidade, jogadas sujas, competição e colaboração. A corrida pelas descobertas move cientistas. Chegar em primeiro lugar é um combustível poderoso. As cooperações, porém, produzem avanços sem precedentes. Há colaborações indiretas pela leitura ou exame dos resultados alcançados por outros. Há cooperações diretas, quando mesmo concorrentes compreendem que a união pode levá-los a progressos gigantescos e, quem sabe, permitir que vençam outras "equipes" na competição.

O romancista francês Michel Houellebecq, em seu romance *Aniquilar* (2022), ironiza, não sem pertinência: "É um erro pensar que os cientistas são, por natureza, pessoas racionais, porque não são mais racionais que ninguém; os cientistas são, acima de tudo, pessoas fascinadas pelas regularidades do mundo – e pelas irregularidades ou peculiaridades, quando aparecem".[2] Humanos, muito humanos. Essa condição, fundamental na educação do futuro, segundo Morin, não pode ser anulada, mas pode ser transformada. O paradigma dominante tem sido o da competição. Não poderá ser o da cooperação? Não se trata de

---

1. Essa história é muito bem contada por MUKHERJEE, 2016, p. 171-194.

2. HOUELLEBECQ, Michel. *Aniquilar*. Rio de Janeiro: Alfaguara, 2022, p. 167.

eliminar uma e de impor a dominação da outra. A virtude não estará na composição? Wilkins, Rosalind, Watson e Crick trabalhando juntos? Alguém poderá dizer que possivelmente sem competição eles não se sentiriam tão motivados. Essa hipótese não pode ser descartada. A competição, porém, não pode ser validada como a variável mais importante. O conceito de "campo", do sociólogo francês Pierre Bourdieu, dá ênfase à competição em todas as esferas da ação humana:

> Um campo é um espaço social estruturado, um campo de forças – há dominantes e dominados, há relações constantes, permanentes, de desigualdade, que se exercem no interior desse espaço – que é também um campo de lutas para transformar ou conservar esse campo de forças. Cada um, no interior desse universo, empenha em sua concorrência com os outros a força (relativa) que detém e que define sua posição no campo e, em consequência, suas estratégias.[3]

Tenho citado frequentemente essa passagem pelo que ela tem de força paradigmática. O conflito aparece como o motor social por excelência. Se há mobilidade, podendo o dominante virar dominado e vice-versa, ela é fruto exclusivo da competição. O filósofo francês Jean Baudrillard, de quem fui amigo e a quem recebi mais de uma vez em Porto Alegre, ironizava, assim como outros grandes pensadores de mesma sensibilidade, informalmente, a concepção competitiva de Bourdieu – rotulada muitas vezes de "bourdivina" –, dizendo que para o sociólogo da distinção era melhor ser jovem, bonito e rico do que velho,

---

3. BOURDIEU, Pierre. *Sobre a televisão*. Rio de Janeiro: Jorge Zahar, 1997, p. 57.

pobre e feio. Sem ingenuidade, Baudrillard sabia do lugar da competição entre seres humanos, mas não se furtava a pensar que podia haver mais. Edgar Morin sugere que esse mais é a generosidade, que também faz parte da condição humana, pela qual há atração, entendimento e colaboração.

No campo da educação, em nível de ensino-aprendizagem, a cooperação aparece como muito mais salutar e eficaz do que a competição. Ao longo do tempo, porém, a competição tem sido talvez mais valorizada. Ela tem seu valor afirmado em disputas como a "Olimpíada de matemática". A vitória realça o mérito, que, não raro, supera classes sociais, escolas de ricos ou de pobres etc. Portanto, funcionaria com um mecanismo de elevação da autoestima. Não se deve, contudo, a partir de exemplos como esse, abstrair a força das estruturas na definição de resultados. Condições desiguais de preparação costumam produzir resultados previsíveis em média. Não basta estar na mesma sala, na mesma hora, para fazer o mesmo exame.

Há áreas, como o esporte, nas quais o mérito se impõe como algo inquestionável. O filho do presidente do clube não vai tirar o lugar de Messi no time. O lugar de Pelé, menino pobre nascido em Três Corações, Minas Gerais, no panteão do futebol tem a ver exclusivamente com a sua capacidade de fazer coisas extraordinárias com a bola, a começar pelo essencial nesse jogo: gol. Pelé sabia, porém, que não jogava sozinho e que precisava dos seus companheiros para brilhar. Messi, após conquistar a Copa do Mundo no Catar com a Argentina, disse algo nesse sentido. A dialógica do futebol é esta: o coletivo precisa do talento individual, que se alimenta da força coletiva da equipe. Futebol é competição. A vitória depende de muita cooperação.

Mais uma vez a questão exige abordagem do seu núcleo e deslizamento para que se enxergue o problema de modo panorâmico. Em outras palavras, há o lugar da competição e da colaboração na prática pedagógica, no ensinar e no aprender, mas há também competição e cooperação no plano paradigmático, na sensibilidade social dominante, no imaginário. Para que a cooperação faça todo o sentido possível será necessário passar da ênfase social na competição para a valorização da cooperação. A questão transcende o espaço de ensino-aprendizagem. Uma objeção provável pode lembrar que não se pode minimizar a importância da competição no dia a dia das nossas sociedades pelo simples fato de que ela é uma realidade, um fato social, uma dinâmica cultural, um dado de realidade, uma condição de sobrevivência, o que se cristaliza, por exemplo, na expressão "preparar para o mercado", ou seja, preparar para a competição, aparelhar para os confrontos impostos pela vida dita real. Valorizar a cooperação, no entanto, pode ser uma excelente maneira de preparar para a vida concreta: competir cooperando.

Há na competição uma energia mobilizadora, o que se constata facilmente nas disputas esportivas. Quando a competição e o lúdico se encontram parece que algo mágico acontece. Essa energia mobiliza mesmo quando não se é diretamente competidor, mas somente torcedor. Assim, competir, desde tempos imemoriais, faz parte da humanidade em cena. Como sempre, o problema não está no elemento em si, mas no seu transbordamento. Quando competir se torna uma obsessão patológica, passando de meio a fim, passa-se do jogo ao desatino. Na cooperação há também energia mobilizadora. Uma força que se nutre da alegria de fazer parte, esse magma agregativo do corpo a corpo, mente a mente, mão na mão, feito de esforços, emoções, expectativas compartilhadas e resultados divididos. A cooperação tem a marca do pertencimento.

Edgar Morin alerta para as "cegueiras paradigmáticas". Eis o ponto. Excesso de luz pode impedir de enxergar. Para ele, um paradigma se define pelo seu papel na "promoção/seleção dos conceitos-mestres da inteligibilidade" e na "determinação das operações lógicas-mestras".[4] Se o conceito de competição ganha tal dimensão que neutraliza os demais, torna-se o único parâmetro de inteligibilidade no seu campo de atuação, selecionando o que vale e determinando as operações derivadas. Tudo passa a girar em torno do seu eixo, da sua dinâmica, da sua lógica. Resta, portanto, esperar que a sociedade mude de paradigma para privilegiar a cooperação à competição na atividade educativa? Não. Afinal, como na história do ovo e da galinha, há interdependência. Um elemento pode influenciar na mudança do outro, produtor e produto produzindo suas causas e seus efeitos.

Sem dúvida que a ênfase na competição ou na cooperação afeta a avaliação. Preferir a cooperação, contudo, não dispensa processos avaliativos. Avaliar para quê? Para estabelecer um sistema de hierarquia escolar, apontar o melhor e promover classificações? Ou para conhecer e controlar a relação estabelecida, ter o famoso feedback e assim poder corrigir desvios de rota e eliminar perdas, desinteresse, desencanto? Há defensores para todas as possibilidades, desde mais rigor avaliativo até a extinção de qualquer avaliação. Outra vez o caminho intermediário surge como escolha bastante razoável. Avaliar procedimentos cooperativos pode ser mais enriquecedor e útil do que coroar vencedores em competições desenfreadas e cruéis.

Mundo, mundo, complexo mundo, talvez a melhor competição seja para saber quem é mais capaz de cooperação e de compartilhamento.

---

4. MORIN, Edgar, 2000, p. 24-25.

Para Edgar Morin, é importante apostar nessas "forças fracas da religação, o que até pode parecer piegas aos espíritos mais contundentes do "regime diurno" da imagem e do imaginário.

Essas forças fracas de cooperação, de compreensão, de comunidade, de amor, precisam ser apoiadas pela inteligência, pois, em contrário, favorecem as forças da crueldade. São sempre as mais fracas, mas, graças a elas, existem momentos na vida dignos, famílias que amam, amizades calorosas, entrega, caridade, compaixão, consolo, amores, impulsos de coração. É assim que o mundo vai, mal ou bem, sem afundar totalmente na barbárie. São essas forças fracas que tornam a vida aceitável e a morte indesejável. São elas que nos permitem acreditar na vida, a qual, por seu turno, faz-nos apostar nessas forças fracas. Sem elas, só haveria o horror, a coerção pura, a destruição em massa, a desintegração generalizada.[5]

Hipertrofia da competição. Contra a lei do mais forte, expressão banal da individualização como parâmetro, a lei da cooperação. Operação pedagógica e civilizacional de redimensionamento das possibilidades imediatas de interação e das expectativas em jogo.

---

5. MORIN, Edgar. *O método 6 – a ética*. Porto Alegre: Sulina, 2007, p. 201.

## 9
# INTELIGÊNCIA COLETIVA E COLETIVOS INTELIGENTES

Um dos pioneiros nos estudos do ciberespaço, Pierre Lévy logo percebeu o potencial pedagógico e colaborativo das novas ferramentas disponíveis, informática, internet e inteligência artificial. Em linhas gerais, quando tudo pode ser acessado em rede, surgem as condições ideais para pesquisas compartilhadas. Logo, para uma inteligência coletiva. Se coletivos inteligentes se juntarem, conjectura-se, o salto cognitivo só poderá ser extraordinário. Nesse tipo de situação costumam aparecer quase que automaticamente dois campos: de um lado os pessimistas, que logo denunciam uma nova investida tecnológica desumanizante e atomizadora; de outro lado os otimistas, prontos a louvar a tecnologia revolucionária e libertadora. No caso, uma rede tecnológica com potencial para gerar mais democracia, partilha de saberes, troca de informações e massa crítica.

É de revolução cognitiva que se trata. Ainda se espera, no campo da arte, que essa inteligência coletiva produza obras geniais. Embora coletivos que se julgam inteligentes atuem em projetos comuns, até agora nada se tornou evidente como prova dessa nova realidade. Nada de um Cervantes coletivo, um Shakespeare, um Balzac, enfim. Possivelmente essa expectativa, se existe, seja inadequada. A inteligência coletiva, olhada por outro ângulo, pode ajudar coletivos a serem mais inteligentes e indivíduos a desabrochar. Longe das querelas simplificadoras, a questão é de foco. Inteligência e coletivos inteligentes reverberam uma preocupação legítima: a importância da ampliação do campo cognitivo a partir da colaboração. A inteligência artificial permite a exploração de dados complexos em unidades de tempo cada vez menores. O quantitativo não assusta mais ninguém mesmo quando se trata de trabalhar com planilhas gigantescas. O ponto mais relevante volta a ser aquele muitas vezes intuído ou afirmado pelas humanidades: o qualitativo. Ou como interpretar massas de dados cada vez mais completas e com variáveis incontáveis. Um coletivo se torna inteligente quando consegue dar sentido ao que aborda, analisa ou questiona. A internet, como espaço por excelência de compartilhamento, produz expectativas enormes sobre saltos cognitivos. As redes sociais, com suas explosões de ódio e de fake news, arrefeceram um pouco o entusiasmo inicial dos mais entusiastas. Nada que possa, entretanto, resultar num ceticismo generalizado. É questão de tempo, de alfabetização digital, de aprender a usar e a controlar o novo meio. Nada vem pronto. É só o começo da nova era.

A escola tem de ser obrigatoriamente o lugar mais afetado por essas ferramentas com poder de levar a metamorfoses cognitivas. O pleno uso desse arsenal ainda depende de mutações de imaginário. Talvez ainda não se esteja colaborando o suficiente, em função de uma agenda inercial, um *imprinting*, como diria Edgar Morin, para alcançar uma aceleração cognitiva capaz de ser rotulada como inteligência coletiva. A força do individualismo no imaginário ocidental não será abalada de um dia para o outro. Nem se está propondo que o indivíduo seja engolido pelo coletivo. Embora pobre, a metáfora do futebol faz sentido aqui: a parte e o todo entrelaçados numa dinâmica em que há interdependência, mas também autonomia. Táticas são treinadas e devem ser aplicadas para que exista um entrosamento perfeito, jogar por música, como se diz, porém, em algum momento, o improviso, a decisão individual não compartilhável por falta de tempo para a discussão, deve alterar a partitura. Inteligente é o coletivo que respeita a individualidade, a singularidade, o talento pessoal. Inteligência coletiva tem a ver com a compreensão de que o individualismo egoísta e narcisista diminui as chances coletivas de êxito e que o coletivismo dogmático asfixia as competências individuais intransferíveis.

Quase todas as áreas de conhecimento sabem mais hoje sobre seus objetos do que sabiam ontem. Há domínios, no entanto, em que a mensuração não está disponível como escala ou dispositivo numa caixa de ferramentas. As humanidades, em grande parte, trabalham com a argumentação, o que nem sempre resulta numa demonstração taxativa. Portanto, o plano de legitimação tem sua própria complexidade. A inteligência artificial vai eliminar a necessidade de inteligência coletiva e de coletivos inteligentes, liberando os seres humanos para o ócio, a arte ou a angústia da desocupação permanente? Uma resposta muito franca é esta: não sabemos. O mais provável é que não. As especulações, ou previsões, apocalípticas de Yuval Harari em *Homo Deus* (2016) servem para, além de vender livros, sacudir o torpor que toma conta daqueles que se veem quase ao final de uma história científica. Ninguém sabe qual é o limite do conhecimento, muito menos da capacidade de invenção de novas formas de convivência e utopia.

A escola da complexidade, concebida aqui a partir do pensamento de Edgar Morin e complementada com muitas contribuições apropriadas de outros intelectuais, tem de ser uma experiência transdisciplinar voltada para coletivos inteligentes e para a exploração da inteligência coletiva. Ela não se opõe à inteligência artificial nem renega a tecnologia. Coloca tudo a seu serviço, que é o serviço da sociedade, das pessoas, dos seres humanos em busca de uma vida melhor, de um mundo melhor, de indivíduos melhores, com mais arte, ciência, diversidade, abertura ao novo, ao diferente, ao criativo, mas também ao passado, aos legados dos séculos anteriores e ao patrimônio comum construído ao longo da história. Coletivos inteligentes só podem ser aqueles que busquem a paz, a tolerância, o respeito mútuo, a alegria.

Sociedades complexas – e cada sociedade tem a sua complexidade – não se resumem a sociedades do produtivismo que tanto tem marcado o capitalismo, mas também marcou o socialismo real, o comunismo tal qual ele existiu ou ainda existe em alguns países. A produção de bens materiais, tão necessária ao conforto dos indivíduos, e o lucro, legítimo como produto das trocas humanas, não podem ser o fundamento de tudo. Uma escola inteligente é aquela capaz de ensinar a importância do lucro, dos bens materiais, das mercadorias, das ambições, da competição, mas também e principalmente a compreensão entre as pessoas, as instituições, os países, as culturas.

Uma inteligência coletiva não se define exclusivamente pela competência para dar respostas a questões ainda não elucidadas pela ciência. Um coletivo inteligente é mais do que a soma das inteligências individuais voltadas para a solução de problemas. O ponto principal, mais uma vez, está em outro lugar. Onde mesmo? Na definição de um novo paradigma de convivência, que depende de uma nova educação, de uma reforma do pensamento, de uma metamorfose da escola, da revolução cognitiva em curso e de um autoconhecimento renovado. A escola mudará a humanidade, que está mudando a escola. Se há questões para as quais continuam faltando respostas definitivas – quem somos? De onde viemos? Para onde vamos? Salvo as respostas das religiões, cuja importância não pode ser desmerecida, há uma pergunta para qual se pode esboçar uma resposta exequível: como queremos (con)viver? A grande utopia que uma escola da complexidade e da diversidade deve adotar é a utopia da fraternidade e da solidariedade, de um mundo voltado para a paz. Mais que revolução ou metamorfose, mutação de sensibilidade. Essa mensagem, que também se configura como meio, não precisa esperar o surgimento dessa nova realidade para ser praticada. Enquanto aguarda o grande salto paradigmático que a fará consumar-se, semeia seus grãos, que contribuirão para a colheita do novo imaginário mundial. A mutação cognitiva é em si mesma um imaginário, o qual, para se consolidar, na medida da consolidação de algo cuja natureza é a mudança, precisa dessa revolução cognitiva há muito em curso, porém, como se pode constatar facilmente, conhecendo agora uma aceleração comparável àquela ocorrida ao tempo da invenção da prensa de Gutenberg. Sem utopia, como horizonte a perseguir, tudo se simplifica.

Se quem está dentro pode não perceber a dimensão do que está vivendo, como já se indicou, pode, assim mesmo, ouvir os ecos de tudo o que anuncia essa metamorfose: profissões seculares que desaparecem quase sem deixar saudades, outras que surgem, instrumentos que perdem a utilidade, técnicas e tecnologias subitamente superadas, atividades que passam a exigir menos pessoas para ser exercidas, trabalhos manuais repetitivos que passam a ser executados por máquinas, digitalização de dados permitindo ter acesso com vertiginosa velocidade a informações soterradas em pilhas de documentos, empregos engolidos por robôs, promessas de que muitos outros surgirão.

Por um lado, uma distopia parece se anunciar, narrativa segundo a qual os seres humanos vagarão inúteis pelas ruas do futuro, não precisando nem mesmo se deslocar, o que, no extremo, poderia transformar pernas em apêndices sem função. Por outro lado, sinais luminosos de uma utopia: a libertação do ser humano do jugo do trabalho penoso para se consagrar aos prazeres possíveis desta curta existência de cada um.

Plural, transdisciplinar, a escola da complexidade precisa estar em sintonia, em sinergia mesmo, com esse imaginário tecnológico, para fazer da inteligência coletiva o dispositivo de implementação de coletivos sempre mais inteligentes. Uma escola da paz. O maior desafio da história da humanidade continua sendo ensinar e aprender o valor da paz em contraposição a uma história universal milenar baseada na guerra. A tarefa obviamente nada tem de simples. É fácil decretar que não há futuro nessa esperança. Não é difícil, porém, encontrar exemplos na história de missões impossíveis tornadas possíveis e de revoluções tecnológicas e cognitivas gigantescas: revolução agrícola, invenção da escrita, criação do Estado, ciência, democracia, impressão, motor a vapor, energia elétrica, atômica, digital.

O mundo não para. No entanto, ele nunca envelhece.

A grande mutação em curso é a da educação.

A revolução cognitiva é o seu sinal mais evidente.

Para onde vamos? Para uma nova escola mais complexa, menos disciplinar, mais criativa, menos autoritária, mais sedutora.

Como ela será? Ainda não sabemos realmente.

Ainda estamos na sua construção.

# 10
# DA VERTICALIDADE À HORIZONTALIDADE

No final dos anos 1960 e começo dos anos 1970, no Brasil, era possível ver alunos, em escolas de ensino fundamental, então chamado de ensino primário, em formação, do mais baixo para o mais alto, diante da bandeira nacional. Era hora de cantar o hino nacional e de aprender moral e cívica na prática. Nos desfiles de 7 de setembro, a formação era dos mais altos para os mais baixos. Professores controlavam para que ninguém errasse o passo na marcha que fazia de crianças miniaturas de soldados e exaltava as grandezas da pátria fardada ou uniformizada. Era o tempo do "Brasil, ame-o ou deixe-o", conforme diria o conhecido slogan dos marqueteiros da ditadura militar.

A verticalidade era um sistema total: um modo de organização da sala de aula, dos métodos de aprendizagem e dos conteúdos ensinados. Obviamente que não foi exclusividade do Brasil. Era também um instrumento de controle e de adestramento dos corpos e das mentes. Vigiar e punir, história da violência nas prisões, publicado por Michel Foucault em 1975, poderia ter um capítulo, ou continuação: Vigiar e punir: história da violência nas escolas. A ideia seria a mesma: obter a docilidade dos corpos e dos espíritos. A "vigilância hierárquica", segundo Foucault, faz com que o "exercício da disciplina" suponha "um dispositivo que obrigue pelo jogo do olhar; um aparelho onde as técnicas que permitem ver induzam a efeito de poder, e onde, em troca, os meios de coerção tornem claramente visíveis aqueles sobre quem se aplicam".[1] A pedagogia da punição recorreu a múltiplos instrumentos e dispositivos: da famigerada palmatória de tempos distantes a alternativas consideradas mais brandas e que duraram mais: colocar aluno de castigo atrás da porta da sala de aula, botar de joelho, de joelho em grão de milho, com um cone na cabeça com a palavra burro, advertir verbalmente, por escrito, suspender, expulsar, notas vermelhas no boletim, forçar a delação retendo a turma além do horário de aula até alguém confessar o seu malfeito ou ser denunciado.

O imaginário vertical brasileiro, conforme o lema positivista na bandeira nacional, valoriza "ordem e progresso". O termo amor, de "amor, ordem e progresso", foi suprimido da inspiração comtiana. A escola tinha por missão adestrar, amansar, disciplinar, ordenar, classificar e silenciar os incômodos. A base dessa pedagogia era vigilância, punição e recompensa. Vertical da cabeça aos pés. Felizmente, dirá o leitor saturado desse inventário, não é mais assim. O castigo corporal e o emprego de humilhações não são mais permitidos. A própria verticalização do sistema como um todo já não se sustenta. Será? Talvez seja melhor dizer que se está numa transição desigual.

A visão de Foucault, um dos maiores pensadores da história contemporânea, pode ser vista, em certa medida, como extremamente negativa. Segundo Marshall Berman, Foucault era "obcecado por prisões, hospitais, asilos, por aquilo que Erving Goffman chamou de 'instituições totais'. Ao contrário de Goffman, porém, Foucault nega qualquer possibilidade de liberdade,

---

1. FOUCAULT, Michel. *Vigiar e punir, história da violência nas prisões*. Petrópolis: Vozes, 1977, p. 153.

quer dentro, quer fora dessas instituições". Assim, "as totalidades de Foucault absorvem todas as facetas da vida moderna".[2] A escola, contudo, não é uma instituição total como outras. Sua singular dialógica faz dela, em qualquer tempo, um espaço de contradições mais ou menos evidentes. O conhecimento, mesmo quando verticalizado em suas várias facetas, pode provocar combustão em mentes sensíveis, gerando entropia inesperada.

Vale destacar que, mesmo no auge da pedagogia da punição, a generosidade de professores também se fazia sentir. Mais uma vez, havia continuidade entre espaço familiar e escola. A educação pelo castigo fazia parte do imaginário como uma prática naturalizada. O castigo era entendido como um excesso praticado "pelo bem" do castigado. A miopia da sociedade traduzia-se em violência socialmente aceita e defendida como valor educativo exemplar e dissuasivo. Felizmente essa visão de mundo entrou em desconstrução.

Na verdade, a passagem da verticalidade para a horizontalidade ainda está em curso no que se refere ao sistema como uma engrenagem. Há quem veja nas avaliações e nos controles de frequência os derradeiros instrumentos de poder do professor para controlar os alunos. Para Maffesoli, a passagem da verticalidade à horizontalidade atinge o seu ápice justamente com a redefinição do papel do professor. O que pode significar horizontal do ponto de vista educativo? Que não há qualquer diferença entre quem ensina e quem aprende pelo fato de que, em princípio, todos ensinam e todos aprendem numa relação? Que não há primazia de um polo sobre o outro? Que ninguém avalia? Que todas as estruturas anteriores são invalidadas e abandonadas?

---

2. Ver BERMAN, Marshall. *Tudo que é sólido desmancha no ar, a aventura da modernidade*. São Paulo: Companhia das Letras, 1986, p. 38.

Lógica da oferta – a escola sabe o que o estudante precisa – ou lógica da demanda – a escola oferece ao cliente o que ele deseja? Exclusividades e extremos costumam ajudar pouco. A horizontalidade assenta-se, antes de tudo, sobre uma capacidade de escuta. A escola da complexidade tem como seu primeiro pilar a escuta. Aquele que escuta, contudo, deve, em algum momento, saber falar. Não para dar a resposta definitiva a todas as dúvidas. Às vezes, para duvidar junto. Ou para organizar as dúvidas a partir de suas expressões históricas e recorrentes, agregando elementos e valores ao ato de questionar.

Horizontalizar quer dizer interagir, ouvir, conversar, dialogar. Há quem veja na horizontalização um perigo: a perda da autoridade. Não existe receita nem métrica predefinida. Uma coisa é certa: a verticalidade, tal qual existiu durante muito tempo, não se sustenta mais, não encontra respaldo em grande parte da comunidade docente e, mais do que tudo, não submete os alunos, que, oriundos de uma horizontalidade familiar cada vez mais intensa, não se deixam reduzir a uma condição de receptores passivos ou silenciosos de um processo explícito ou implícito de domesticação. A escola não substitui a família. Ela se coloca em continuidade com o que é trazido de casa. Cabe-lhe ir além do senso comum, aportando novos conhecimentos, apresentando novas fontes de informação, fomentando o debate. Dessa forma, o seu coração bate na pluralidade e no valor do dissenso.

Quem quer verdades caseiras não deveria ir à escola nem navegar no grande oceano da internet. Só que não ir à escola, em determinados níveis, além de ferir legislações nacionais, salvo quando a educação em casa é autorizada, traz evidentes prejuízos de socialização e de inserção na dinâmica do contraditório. Para Michel Maffesoli, como se viu, a horizontalidade faz par com a iniciação, trazendo reencantamento para espaços aridificados pela transmissão vertical e dirigista. A escola da transmissão foi uma escola da fala, do emissor todo-poderoso, como na cadeia clássica da comunicação antes da internet. A escola da complexidade privilegia, como foi dito, a escuta, por aquele que falava sozinho, como ponto de partida. Essa nova disposição não pode significar ausência de professor, omissão, como um jogador escondendo-se para não bater o pênalti decisivo.

Nas primeiras elaborações de uma cadeia de comunicação imaginava-se algo muito simples: emissor – mensagem – receptor. Logo se precisou inserir nessa disposição linear um canal e um código. Em seguida, um contexto. Por fim, ruídos, dissonâncias, desvios, margens, erros, interpretações, falhas etc. Se algum dia se imaginou um emissor poderoso, uma mensagem límpida e um receptor pronto a assimilar tudo como pretendido no ponto de partida, logo se viu que era muito mais complexo do que isso. O professor emite sua mensagem – o conhecimento –, o aluno recebe, assimila e arquiva? Não funciona assim. Não é um modelo comunicacional perfeito e de eficácia indiscutível. O receptor é ativo; o percurso da mensagem enfrenta turbulências; a recepção é um ato de interpretação; a seleção do que fica depende de condicionadores biográficos, afetivos, de interesses muitas vezes desconhecidos do próprio selecionador. Uma seleção não consciente.

Educação horizontal é uma prática em construção, um exercício que requer revisão a cada momento, uma inspiração existencial e profissional de contornos apenas esboçados, escolha pedagógica com evidentes consequências, processo em que a autoridade resulta de uma conquista associada à capacidade de convencimento. Uma pedagogia da horizontalidade significa promover encontros, estabelecer relações, virtuais ou presenciais, explorar a interface comum, trabalhar nas zonas de convergência sem eliminar diferenças. Michel Maffesoli, no vídeo já citado aqui, essa entrevista que concedeu ao Canal Futura, faz um alerta importante: "Não se deve ter medo virtual". Nem de qualquer tecnologia. O professor não parece fadado a desaparecer. Ao contrário.

Todo debate – encontro de vozes que não pressuponha uma solução por argumento de autoridade, estilo "eu sei porque sou isto ou aquilo" – parte de um princípio horizontal. O diálogo está no topo da aspiração à horizontalidade. As relações baseadas, se passar o oximoro, numa racionalidade afetiva, ou numa composição de racionalidade e afeto, também. As construções coletivas – grupais – alimentam-se dessa mesma lógica. Dito de outro modo, a horizontalidade é um estado de espírito pedagógico, um modo de estar em relação, uma postura dialógica que afeta diretamente a provocação (ir ao encontro da vocação) da cena de ensino-aprendizagem. Horizontal ou vertical revela uma visão de mundo.

Palavras não são meras combinações de letras ou de fonemas. Elas podem ser usadas como conceitos. Exprimem a implicação do sujeito no seu contexto sociopolítico. A onda dos colégios cívicos-militares durante o governo de Jair Bolsonaro (2019-2022) foi uma tentativa de ressuscitar uma concepção pedagógica vertical, confundindo, como princípio, respeito com obediência, autoridade com autoritarismo, entendimento com disciplina, convivência com ordem. A escola transdisciplinar da complexidade põe em discussão a sua estrutura. Perguntas não lhe faltam: o que queremos saber? Como queremos saber? Por que queremos saber? O que podemos alcançar com esse saber?

Certas perguntas podem ser esvaziadas de legitimidade por controladores de áreas. Cada um pode ilustrar essa afirmação com exemplos concretos de suas experiências. Não é preciso apontar aqui o dedo para quem quer que seja. Em contraposição à hegemonia do utilitarismo, trabalhou-se muito para relativizar a força avassaladora do útil como critério técnico e moralista de definição do que se quer ou deve saber. Qual a utilidade da poesia? Uma pergunta desse tipo revela prontamente sua pobreza espiritual. A poesia tem um sido um poderoso dispositivo de compreensão da condição humana, além de ser o próprio sublime concentrado em fórmulas de desvelamento. Dito isso, deve existir espaço para, em muitos momentos, alguém perguntar: para que serve isto? Em contrário, obtém-se um álibi para a blindagem daquilo que não se quer discutir por alguma razão obscura ou falta de fundamentação. A verticalidade impõe; a horizontalidade dispõe; a verticalidade extirpa; a horizontalidade repõe. O vertical trabalha como linha do corte. O horizontal busca a inclusão e a proximidade.

# 11
# DO SISTEMA DE HIERARQUIA SOCIAL AOS PERCURSOS LADO A LADO

Seres humanos vivem em realidades sempre fugidias quando se trata de descrevê-las a partir de diferentes pontos de vista e em imaginários tão reais ou irreais quanto a dita realidade concreta. Guy Debord, o deliciosamente esquisito autor do livro *A sociedade do espetáculo*, lançado na França em 1967, compreendia em cada linha ou entrelinha das suas teses as implicações dos sistemas subjacentes de organização do lugar das pessoas no mundo.[1] Sua tese mais famosa – um dos 221 fragmentos que compõem o livro –, a de número 4, diz simplesmente que "o espetáculo não é um conjunto de imagens, mas uma relação social entre pessoas mediada por imagens". "Midiatizada" por imagens. Muitas podem ser as interpretações sobre esse texto. O espetáculo, como expressão de um mundo e de um modo de estar nesse mundo, não é apenas a soma de todas as imagens consumidas em filmes, na televisão, no teatro, na publicidade etc. É mais do que isso.

O que, mesmo? Um sistema. Mas não um sistema qualquer. Um sistema que junta as pessoas tendo como cola as imagens. Colar, no caso, remete a dar sentidos, fornecer razões para o compartilhamento de algo, forçar a atração mesmo quando tudo levaria à separação. Por isso mesmo Debord diz que o espetáculo

---

1. Ver DEBORD, Guy. *A sociedade do espetáculo*. Rio de Janeiro: 1997. Pensador marxista, Debord via na arte uma possibilidade de libertação ou de meio para ajudar na metamorfose da sociedade capitalista.

junta separando. Mais do que nunca, no mundo pós-Debord (ele se suicidou em 1994), a mídia é a cola social. Qual mídia? A televisão? A telinha ainda cumpre um papel, embora perca terreno a cada dia para outras tecnologias mais interativas, como tudo o que diz respeito à internet. As redes sociais são redes ou são mídias sociais? Durante algum tempo, foram redes, fomentando as trocas entre amigos reais com os quais se tinha relação presencial ou uma história anterior aos encontros virtuais. Na época da hegemonia do TikTok, porém, os algoritmos induzem a recepção de conteúdos de entretenimento e limitam as interações primárias.

O que tem isso a ver com educação? A internet apresenta-se como um novo sistema de relacionamento social. As redes sociais aparecem sob o signo da horizontalidade total. A vida digital ou virtual é um sistema de interação social. Um sistema de interação ou de hierarquia? Por trás dos discursos e das mitologias reina o velho sistema hierárquico baseado em distinções: número de seguidores, de likes, de comentários, de engajamento, enfim, toda uma panóplia de dispositivos para avaliar, mensurar, classificar, distribuir pontos e dinheiro e situar no universo social. O virtual não é um conjunto de interações, mas uma relação social entre pessoas "midiatizada" por redes tecnológicas. O importante nelas é ser visível, famoso, rico e influente.

Em certo sentido, as redes sociais representam o mais duro golpe na verticalidade dos sistemas de comunicação convencionais. Por outro lado, reintroduzem, aos poucos, mas sem lentidão, sistemas de hierarquia social baseados nos mesmos valores do espetáculo. Na sua tese 12, Debord alertava: "O espetáculo se apresenta como uma enorme positividade, indiscutível e inacessível. Não diz nada além de 'o que aparece é bom, o que é bom aparece'. Atitude que ele já obteve por sua maneira de aparecer sem réplica, por seu monopólio da aparência".

Não é difícil trocar termos nessa tese para reflexão: "As redes sociais se apresentam como uma enorme positividade, indiscutível e inacessível. Não dizem nada além de 'o que aparece é bom, o que é bom aparece'. Atitude que já obtiveram por sua maneira de aparecer sem réplica, por seu monopólio da aparência". Quem pode criticar as redes sociais? Quem nelas aparece? O que é preciso dizer para aparecer? Outro termo no lugar de espetáculo pode provocar certo choque: "A educação se apresenta como uma enorme positividade, indiscutível e inacessível. Não diz nada além de 'o que aparece é bom, o que é bom aparece'. Atitude que ela já obteve por sua maneira de aparecer sem réplica, por seu monopólio da aparência". Como assim? De que jeito?

Espetáculo, redes sociais e educação produzem ou reproduzem hierarquias sociais. Impõem verticalidade onde havia alguma horizontalidade. Em alguns casos, é verdade, permitem o surgimento de novos personagens, que desbancam os antigos donos do imaginário dominante. Os influenciadores não tinham lugar na televisão. A horizontalidade geral, contudo, permanece uma vasta terra de ninguém, onde justamente ninguém se destaca. Num sistema de competição, no qual a visibilidade, ou fama, apresenta-se como o principal capital, a verticalidade tem valor de referência. Como ser horizontal num espaço regido pela lei da verticalidade total? Eis o desafio da complexidade.

Uma ressalva tem de ser feita: essas analogias não podem ser tomadas como exatas ou como expressões de verdades absolutas. A educação tem suas singularidades, que a diferenciam do espetáculo e das redes sociais espetacularizadas, embora haja uma tendência a exigir que os parâmetros da realidade virtual sejam aplicados à realidade escolar, fazendo do professor, depois de ter sido apresentador de telejornal ou de programa de auditório, um influenciador com poderes especiais e poucos seguidores cativos.

A educação precisa aceitar réplica, ser acessível e criticável. Deve mostrar que nem tudo que é bom aparece e que nem tudo que aparece é bom. Cabe-lhe discutir o primado da aparência e do aparecer. Se não deve se opor a tudo o que o seu público deseja, tentando enfiar-lhe goela abaixo o que não conseguir engolir, tampouco deve simplesmente fazer a vontade do "cliente". A escola presta serviço à sociedade, mas, mesmo em instituições privadas, o aluno não pode ser reduzido à dimensão de cliente. Um dos paradoxos da escola é este: deve estar atenta às demandas dos estudantes e das famílias e ser, ao mesmo tempo, capaz de oferecer o que não foi pedido, por saber, ou supor, que seu papel vai além de servir o que está no cardápio.

Não raro alguma autoridade fala em dividir a educação em técnica e formadora de elites. A escola técnica prepararia mão de obra para o mercado. A universidade formaria as elites. Foi o que disse Milton Ribeiro, ministro da Educação de Jair Bolsonaro. Mesmo entre intelectuais mais refinados a ideia aparece. A escola técnica, ao alcance dos mais pobres, daria um emprego médio para os mais desfavorecidos nas tantas profissões necessitadas de braços. As mentes superiores iriam para as universidades dar asas à imaginação, à especulação, à pesquisa, à poesia e tudo mais. Escola técnica: formação de mão de obra. Universidade: preparação de elites dirigentes. A isso se chama de sistema de hierarquia social.

Vê-se prontamente que o problema não se resume, outra vez, a horizontalizar as dinâmicas de aprendizagem e a quebrar o monopólio da fala do professor. Como na tese 4 de Debord, com a devida adaptação, a hierarquia social não é um conjunto de imagens, mas um sistema de relação entre pessoas mediado pela educação. Esse sistema se reflete nas práticas pedagógicas. Na educação deve haver utopia: um horizonte a ser perseguido. Sim, o horizonte se afasta à medida que o observador se aproxima. Mas a caminhada deixa rastros. A utopia educacional precisa contemplar a expectativa da quebra das hierarquias sociais em todos os seus níveis e espaços. Importa a relação, não ser o primeiro nisto ou naquilo ou ter o maior número de "amigos" ou de seguidores. Educar é pôr em crise o senso comum, reconhecendo, porém, as sabedorias populares construídas a partir da observação da natureza, das sociedades e das experiências cotidianas. A meritocracia, tão louvada pelos liberais, ou neoliberais, na maior parte das vezes é uma corrida em que o vencedor parte bem na frente graças ao capital acumulado por obra da loteria existencial: nascer num lugar favorável e não em outro. Yuval Harari, em *Sapiens*, dispara um petardo contra as ilusões ou ideologias distintivas meritocráticas: "Mas é um fato comprovado que a maior parte dos ricos são ricos pelo simples motivo de terem nascido em uma família rica, enquanto a maior parte dos pobres continuarão pobres no decorrer da vida simplesmente por terem nascido em uma família pobre".[2] Loteria do nascimento.

Então não se deve valorizar o talento e o esforço pessoal do talentoso? Sim, deve-se, mas talvez não pelas razões comumente alegadas, o mérito, e sim pela contribuição que dão à sociedade. No extremo, ser inteligente não é mérito. É, na falta de palavra melhor, dom. Nasce-se inteligente. Não se aprende a ser inteligente. Transformar a inteligência em benefício à sociedade é que conta.

Talvez a parte mais interessante do interessante livro de Leonard Mlodinow, *Subliminar, como o inconsciente influencia nossas vidas*, seja a que fala sobre como fazemos certas escolhas. Quando se escolhe, por exemplo, alguém para preencher uma vaga qualquer, como se chega ao escolhido? A escolha pode ser racional, precisa, científica? A nossa "ilusão de objetividade"

---

2. HARARI, Yuval. *Sapiens: uma breve história da humanidade*. Porto Alegre: L&PM, 2015, p. 143.

nos fazer crer e afirmar que não admitimos qualquer tipo de viés inconsciente, não racional ou de empatia. Será? Em testes realizados por pesquisadores – os norte-americanos testam tudo – ficou demonstrado que consultores, mesmo negando qualquer viés, tendem a considerar mais consistentes metodologicamente projetos ou estudos que expressem ideias com as quais estão previamente de acordo. Aprovamos aquilo que coincide com o que pensamos ou citamos os autores de quem gostamos. O leitor elogia como isenta a opinião do autor que concorda com a sua. Escolhemos um candidato por uma série de razões inconscientes, mas buscamos num repertório de expressões aquelas mais adequadas para validar a preferência. Não diremos que o escolhido é simpático, mas convincente. Não o classificaremos como cativante, mas como consistente. Não falaremos da sua imagem, mas da sua segurança e de sua convicção.

Mlodinow ironiza a pretensão de objetividade dos selecionadores:

> Um entrevistador pode gostar ou não de um candidato por causa de fatores que têm pouco a ver com as qualificações objetivas do pretendente. Os dois podem ter frequentado a mesma escola ou gostar de observar pássaros. Ou talvez o candidato desperte no entrevistador a lembrança de um tio querido. Seja qual for a razão, quando o entrevistador toma uma decisão visceral, seu inconsciente costuma empregar o raciocínio motivado para apoiar sua inclinação intuitiva. Se gostar do candidato, sem perceber, sua motivação vai atribuir grande importância a áreas em que o pretendente for bem qualificado e levar menos a sério aquelas em que ele deixa a desejar.[3]

---

3. MLODINOW, Leonard. *Subliminar, como o inconsciente influencia nossas vidas*. Rio de Janeiro: Zahar, 2018.

O advogado de defesa toma o lugar do cientista. Não se trata de desonestidade, mas de inconsciente. Daí a importância de critérios objetivados. Somos, então, reféns do nosso inconsciente? Ou o inconsciente pode ser um álibi para a nossa desonestidade, livrando-nos de qualquer responsabilidade sobre nossas escolhas? As duas coisas podem ser verdadeiras. O importante é adotar medidas para controlar a nossa parte submersa. Mais do que isso, relevante é saber que podemos ser enganados por nosso inconsciente e que, portanto, devemos refletir sobre como selecionamos, classificamos, hierarquizamos.

Não podemos deixar de escolher. Nem estamos dispostos a fazê-lo por sorteio. A desconfiança radical em relação aos nossos sistemas de orientação pode levar ao imobilismo. A despreocupação, ao contrário, tende a reproduzir hierarquias como se fossem naturais ou resultantes de rigorosos processos de julgamento. Sair do sistema de hierarquia social dominante exige reflexão sobre como ele foi constituído. O cânone de obras-primas do Ocidente é dominado por homens brancos cristãos. Coincidência ou viés? Reflexo de um modelo de produção inconscientemente excludente? Estabelecer percursos horizontais, lado a lado, mão na mão, passa pelo exame de como se constitui a epistemologia e o imaginário ocidental chancelado pelo iluminismo.

A escola da complexidade e da diversidade põe-se no divã. Analisa-se para melhor analisar. Pensa-se para melhor ajudar a pensar. Pensa, pondera e ousa. Pede explicações e busca compreender. Não se aceita como mera legitimadora do sistema vigente ou dos seus artifícios para naturalizar-se. Não se vê como uma "enorme positividade, indiscutível e inacessível". Sua tarefa é produzir debate e pôr-se em discussão. O negativo tem papel revelador na estrutura das revoluções cognitivas. A escola transdisciplinar, portanto, sabe-se parte de um todo: a escola (parte) está no todo (sistema), que está na parte.

A hierarquia naturalizada é um sistema fictício que se realizou.

A educação da escola da complexidade tem por horizonte a alegria da aprendizagem. Ensinar e aprender não podem fazer pensar em fardo, sacrifício ou corrida de obstáculos. Se há aprendizados mais difíceis, o prazer de aprender converte cada situação em motivo de celebração. Longe de ser uma demagogia pedagógica, disposta a esconder o desinteresse de alunos e o peso que parecem carregar nas costas, a escola da complexidade tem de lidar com as raízes do desinteresse como quem trabalha com um sintoma. As realidades costumam ser mais completas e complexas do que as teorias. Como ser interessante quando não se tem equipamentos adequados e concorre-se com a magia da internet, dos aplicativos, dos games e das coloridas realidades virtuais? Uma verdadeira escola da complexidade depende de políticas públicas vigorosas, de uma mentalidade pedagógica e de um novo imaginário social. Tudo isso? Então é apenas uma miragem? Não.

Mais uma vez, é uma construção que se dá em níveis desiguais conforme os diferentes contextos de uma sociedade. Gilles Lipovetsky, em *Metamorfoses da cultura liberal*, inventaria três eras da moral: teológica, laica moralista e pós-moralista. As duas primeiras são determinadas, como ele propõe, pelo sacrifício. Na primeira, o indivíduo e a comunidade devem sacrificar-se por Deus. Na segunda, pela razão, que pode atender pelos nomes de pátria ou ideologia, mas que primordialmente se apresenta como dever. Universal e abstrato. A terceira, em ruptura com o sacrifício, coloca a felicidade no centro da existência e só aceita que o desejo individual seja refreado quando traz prejuízo a terceiros.[4] Uma anedota dá conta de que Kant,

---

4. Ver LIPOVETSKY, Gilles. *Metamorfoses da cultura liberal*. Porto Alegre: Sulina, 2004, p. 23-40.

com seus imperativos categóricos, não podia aceitar a mentira em situação alguma, sem exceção, mesmo que isso implicasse não mentir para o assassino que pede a localização de sua vítima. Sócrates teria sido mais flexível e levado em consideração o resultado alcançado. Entre intenções e consequencialismo, a educação pelo sacrifício, a exemplo da moral, não funciona mais, não consegue aderência, não engaja.

Boa educação é aquela que satisfaz os educandos e a sociedade a que pertencem. O desafio que só uma escola da complexidade parece ter possibilidades de enfrentar com êxito é produzir os resultados esperados – que, em geral, são estipulados em algum momento, seja por pais de alunos de ensino fundamental e médio, seja pelos estudantes universitários ou por autoridades e especialistas – com meios pós-sacrificiais. A educação pelo prazer continua a ser o salto quântico possível – porém, ainda não plenamente realizado –, a mais bela utopia. Antes que pareça uma contradição demasiado grande, uma nuança: a utopia pode ser, ao mesmo tempo, o inalcançável, o alcançável em partes e a caminhada em direção a esse não lugar. Se o futuro, como o horizonte, sempre escapa, ao olhar para trás vê-se o que se construiu, o que foi possível, o realizado na busca pelo irrealizável.

O retorno à moral do sacrifício, pela via racional ou religiosa, conquista adeptos pelo mundo, mas não parece ser a tendência global. Da mesma forma, as dificuldades de uma educação pelo prazer geram a nostalgia em alguns de uma volta às pedagogias do sacrifício e do dever. Tampouco parece, contudo, felizmente, uma opção válida.

# 12
# DA EXPLICAÇÃO À COMPREENSÃO, MORIN E PAULO FREIRE

Por que voltar a esse tema já esboçado? Justamente por ele ter sido apenas esboçado e por ter chegado a hora, tardia certamente para alguns, de inserir Paulo Freire no diálogo. Para Edgar Morin, a compreensão deve ser ensinada, o que implica combater reducionismos, etnocentrismo, egocentrismo e sociocentrismo. Se a explicação traz à tona as cadeias lógicas que permitem entender o funcionamento das coisas, a compreensão é empatia, colocar-se no lugar do outro. Para Morin, "a comunicação não garante a compreensão". Então, cabe ir mais longe na compreensão da compreensão e no seu alcance mais amplo: "Há duas formas de compreensão: a compreensão intelectual ou objetiva e a compreensão humana intersubjetiva. Compreender significa intelectualmente apreender em conjunto, *comprehendere*, abraçar junto (o texto e seu contexto, as partes e o todo, o múltiplo e o uno)".[1]

Morin salienta que a explicação faz parte da compreensão intelectual. Compreender a compreensão no universo da educação remete a um longo processo de análise dos modos de educar. Paulo Freire, o intelectual brasileiro mais citado no mundo, trilhou esse caminho, antecipando, em perspectiva própria, muitos dos temas de Edgar Morin no que se refere a questões

---
1. MORIN, 2000, p. 94.

educacionais. Freire, no seu livro mais clássico, *Pedagogia do oprimido*, escrito no exílio, publicado no emblemático ano de 1968, defendeu, como se sabe, uma educação dialógica na qual educador e educando se educam num incessante vaivém. É preciso compreender o contexto da reflexão de Paulo Freire, cujas ideias seminais continuam produzindo efeitos, gerando ódio na extrema direita e alavancando reflexões e práticas pedagógicas centrais.

Na perspectiva de Freire, naqueles anos de ditaduras e de sonhos revolucionários, há uma dicotomia a ser superada, a de opressores e oprimidos. Para ele, "os opressores se 'gratificam' através de sua falsa generosidade".[2] A educação que chamará de "bancária" – professor ativo e transmissor, narrador, aluno passivo, receptor – teria como missão domesticar os alunos para que o futuro repita o passado e o presente da dominação. A "pedagogia do oprimido" é uma pedagogia revolucionária. A revolução emancipadora é dada como pressuposto. Contra a educação apassivadora, Freire defende uma "educação problematizadora": "A pedagogia do oprimido, que busca a restauração da intersubjetividade, se apresenta como pedagogia do Homem. Somente ela, que se anima de generosidade autêntica, humanista e não humanitária, pode alcançar este objetivo".[3] Evidentemente que, com admiração pela sua fulgurante compreensão dos impasses e contradições da educação, para ser fiel a Paulo Freire, deve-se problematizar a sua leitura. Pode-se ficar com Paulo Freire sem o seu marxismo? O mesmo vale para Guy Debord. Pode-se ficar com sua crítica do espetáculo – nos termos de hoje, da mídia – sem aderir ao seu marxismo de época? Valem os diagnósticos contundentes, não os prognósticos salvadores?

---

2. FREIRE, 2000, p. 16.
3. FREIRE, 2000, p. 26.

Freire fez a crítica da verticalidade, até mesmo usando essa palavra (p. 33). Atacou o conteudismo, que considera o aluno como um recipiente vazio a ser preenchido: "Na visão 'bancária' da educação, o 'saber' é uma doação dos que se julgam sábios aos que julgam nada saber".[4] Essa formulação faz pensar, no sentido inverso, numa famosa passagem de *O abolicionismo*, de Joaquim Nabuco, na qual esse grande defensor da extinção da escravidão no Brasil diz que "tudo, absolutamente tudo que existe no país, como resultado do trabalho manual, como emprego de capital, como acumulação de riqueza, não passa de uma doação gratuita da raça que trabalha à que faz trabalhar".[5] Não existem doações. Nabuco sabia disso e ironizava.

Se a verticalidade da educação transmissora pressupunha que o aluno nada sabia, cometia um erro terrível. Mesmo obrigado a permanecer em silêncio, o aluno pensava, reagia, processava, interpretava. Freire questionava uma educação baseada na ideia de educador que sabe na qual "os educandos são os que nada sabem".[6] Concretamente essa situação nunca existiu. Educandos possuem saberes próprios. Contudo, esses saberes foram ignorados. Se para Debord, marxista como Freire, conforme sua tese 1, "tudo que era vivido diretamente tornou-se representação"[7] – delegação, encenação, farsa, contemplação –, para Freire a "educação bancária" produzia "homens espectadores e não recriadores do mundo".[8] Mesmo na comunicação,

---

4. FREIRE, 2000, p. 38.
5. Nabuco, Joaquim. *O abolicionismo*. Rio de Janeiro: Nova Fronteira, 2000, p. 15.
6. FREIRE, 2000, p. 39.
7. DEBORD, 1997, p. 5.
8. FREIRE, 2000, p. 40.

contudo, o espectador nunca foi passivo, mas estimulado a comportar-se como se o fosse.

Problematizar o luminoso pensamento de Paulo Freire implica perguntar: e se o seu pressuposto revolucionário estiver errado? Uma social-democracia, como a Suécia, não é revolucionária. Deve ser pensada em termos educacionais como opondo opressores e oprimidos? E se o pressuposto da passividade daquele que ouve também for, em termos morinianos, reducionista? Então a "educação bancária" é suficiente? Não, evidentemente que não. Mas não se pode, como já se disse, citando pela milionésima vez o ditado, jogar a criança fora com a água da bacia. Freire salienta que "conviver, simpatizar, implicam comunicar", o que a educação manipuladora, apassivadora, "bancária", rechaça. Para ele, "somente na comunicação tem sentido a vida humana", sendo que o pensar de educador e educando são "mediatizados ambos pela realidade, portanto, na intercomunicação".[9] A realidade, porém, é "mediatizada" por imaginários. Se a educação domesticadora não valoriza a comunicação, a educação dialógica não pode ter um único fim.

A dialogia para Morin é um processo aberto e irredutível. Freire quer a superação da "contradição educador-educando" com base na ideia de que "ninguém educa ninguém, ninguém educa a si mesmo, os homens se educam entre si, mediatizados pelo mundo".[10] Talvez essa contradição só possa ser resolvida como paradoxo, todo mundo educando todo mundo em partes desiguais: o educador educa o educando, que educa o educador; todos, em algum momento, também se autoeducando, mediados por seus imaginários e realidades, "mediados" por suas fontes e referências. O próprio Paulo Freire enuncia essa

9. FREIRE, 2000, p. 41.
10. FREIRE, 2000, p. 44.

possibilidade ao dizer que o educador, enquanto educa, "é educado em diálogo com o educando, que, ao ser educado, educa também".[11] Compreender Freire significa intelectualmente explicar sua referência teórica, o marxismo, que funciona como uma moldura, e compreender o imaginário do seu tempo. Pode-se interpretar literalmente o que Freire diz ou tomar metaforicamente o que postula. Por exemplo: "A educação problematizadora, que não é fixismo reacionário, é futuridade revolucionária".[12] Literal ou metáfora? Revolução como mudança radical ou como um processo histórico de superação do capitalismo? A perspectiva de Paulo Freire, como marxista, é concreta. O tempo, contudo, parece guardar dessas afirmações apenas o sentido metafórico, fazendo-o ser entendido em novo horizonte, o de Edgar Morin. Educação como esperança, diálogo, alegria, onde todos são sujeitos, protagonistas, problematizadores, questionadores, agentes, atores.

Compreender Paulo Freire significa compreender que sua obra foi revolucionária no seu tempo, como um choque na percepção transmissora, e permanece revolucionária, não no sentido que ele atribuía, como marxista, a esse termo, mas como proposta pedagógica radicalmente transformadora, centrada na comunicação, na interação, na troca e no diálogo, ainda que a sua dialógica estivesse orientada para um fim, como meio revolucionário, a superação do capitalismo, a preparação dos revolucionários, a tomada de consciência da opressão. Nem todo ato pedagógico está condicionado pela relação entre opressor e oprimido. A educação no paradigma liberal ou social-democrata pode ser problematizadora com parâmetros obviamente diferentes. Pedagogias do oprimido, do reprimido,

---

11. FREIRE, 2000, p. 44.
12. FREIRE, 2000, p. 47.

do suprimido, enfim, podem ser úteis. Hoje, além das opressões econômicas, são combatidas as opressões sexistas, racistas, especistas, etaristas, colonizadoras e etnocêntricas. Edgar Morin insiste: "A compreensão é ao mesmo tempo meio e fim de comunicação".[13] O diálogo está aberto. Não há futuro previsto. Há futuro desejado: de liberdade, igualdade, tolerância, fraternidade.

Não se trata de opor Paulo Freire e Edgar Morin, que são complementares, com alguns antagonismos, mas de compreender as contribuições de cada um. Numa fórmula jornalística, provocativa, com certo reducionismo óbvio, Edgar Morin é Paulo Freire sem o marxismo revolucionário. O centenário pensador francês, como se verá mais adiante, passou da ideia de revolução à de metamorfose, mantendo, porém, algumas das suas fontes motivadoras e utopias.

---

13. MORIN, 2000, p. 104.

## 13
# Do professor ao facilitador sem "coachismo"

Se Paulo Freire queria a revolução, o mundo atual parece bem menos ambicioso, ou mais pragmático, se não for mesmo mais escaldado. Afinal, as experiências do chamado socialismo real do leste europeu, da China, da Coreia do Norte e de Cuba não podem ser consideradas como realmente motivadoras. Há quem tente salvar os móveis da enchente alegando que essas experiências não são conclusivas ou que não refletem o verdadeiro espírito revolucionário marxista, que teria sido desvirtuado por um conjunto de fatores adversos. Tudo é possível. Até mesmo lembrar que a miséria faz parte do cotidiano do capitalismo.

A *vibe* agora é outra. Como diz a música dos gaúchos Kleiton e Kledir, hit em outros tempos, "ser feliz é tudo o que se quer". Aqui e agora. Intensamente. Na medida do possível. No capitalismo mesmo. O reformismo venceu. Se parte da direita diz que, no Brasil, nunca houve liberalismo de fato, por causa de uma tradição de Estado intervencionista, em favor, bem entendido, das elites ditas liberais, e sonha com o neoliberalismo como expressão acabada das velhas distinções de classe, a esquerda divide-se entre os que ainda bancam a utopia da revolução e os que se contentam com uma boa social-democracia escandinava. A educação tem papel fundamental na construção dessas expectativas. Numa formulação mais pomposa dá para dizer que há muita diferença entre a educação como *télos* e a educação como processo. A educação como finalidade última se reclama da emancipação. Mesmo os que só querem a reprodução do que está aí, essa desigualdade estrutural consolidada que sustenta o poder dos seus beneficiários, podem falar em autonomia. A educação como prática cotidiana vive outra realidade, com diferenças de todo tipo entre escolas privadas e públicas, municipais e estaduais, centrais ou de periferia, de capitais ou do interior, de estados ricos ou pobres etc. No Brasil, nos últimos anos, especialmente durante o governo de Jair Bolsonaro, intensificou-se o conflito entre progressistas e ultraconservadores, com os últimos em guerra contra o que chamam de "ideologia de gênero" e em favor de uma suposta "escola sem partido", fazendo crer que o ambiente escolar é dominado por militantes de esquerda pregando a revolução todos os dias em sala de aula e defendendo o comunismo, o petismo, o ateísmo. Parte desse conflito se dá no campo comportamental, com a direita em guerra contra o uso de linguagem neutra, pronomes como "todes", e contra a defesa dos direitos das populações LGBTQIA+. Trata-se de uma luta entre o preconceito, em suas diversas faces, e um iluminismo de inclusão.

Como fica o professor nesse novo campo de combate? Não é difícil perceber que a ampliação do campo de luta atinge a escola em cheio. Conservadores postulam que a escola ensine matemática, línguas, geografia e tudo o que não toque em questões de cunho ideológico, religioso, subjetivo, deixando essas áreas sensíveis para as famílias. A escola, contudo, nunca foi assim. Sempre foi complemento da educação familiar, consolidando valores trazidos de casa, ou espaço de conhecimento de algo novo, em algum grau possível. Na perspectiva de Morin, a escola foi complementar e antagônica aos ensinamentos trazidos de casa, desfazendo, sem buscar um choque direto, o senso comum, ampliando horizontes, corrigindo imprecisões, analisando dogmas, fornecendo informações capazes de dar ao educando as condições de, por si mesmo, colocar em crise as verdades introjetadas em casa.

Guardadas as especificidades de épocas e instituições, as escolas dos últimos cinquenta anos não podiam ser, em geral, abertamente doutrinárias. Ou apenas em disciplinas reservadas para isso, como, numa analogia bastante livre e imprecisa, nos editoriais de um jornal. No Brasil, a ditadura midiático-civil-militar (1964-1985) garantiu o espaço da doutrinação com Moral e Cívica, Estudos dos Problemas Brasileiros (EPB), Organização Social e Política Brasileira (OSPB) e outras matérias do gênero, além de ter vigiado e punido contestações à sua visão de mundo. Como deve ser a escola de hoje e de amanhã? Que papel desempenha nesta escola do presente e do futuro o professor?

Não se imagina que o professor possa encarnar o catedrático dos tempos de Max Weber. Nem o mestre-escola durão que aparece em contos de Machado de Assis pronto a punir os indisciplinados, mas vítima de chacota e deboche. A imagem de um maestro regendo a sua orquestra tem poder de sedução, porém talvez não seja exata. O ruído e a dissonância são indissociáveis do ambiente escolar democrático, não como algo possível nos ensaios, embora inaceitável nas apresentações ao público. A escola não tem ensaio. Tudo nela se dá "ao vivo", direto da sala de aula. O professor não rege: "correge". Ainda que não pareça simpático nos tempos que correm, ele também corrige informações.

Que professor é esse? Qual o seu grau de autonomia? Ele não é o dono da bola. Não manda nem comanda. Está submetido às instâncias escolares, ao programa, ao currículo, às avaliações dos alunos, às demandas de pais, ao controle institucional e social. Em algumas universidades, a apresentação do programa no primeiro dia de aula funciona como um contrato que compromete as duas partes. Além disso, o professor pode ser convocado a estimular os estudantes a avaliá-lo anonimamente na metade do semestre e ao final da disciplina. Mais do que tudo, ele precisa conquistar a adesão dos estudantes. Paulo Freire falava de um efeito perverso da relação estabelecida em ambiente escolar, a "aderência ao opressor"[1], uma espécie de "síndrome de Estocolmo", como se diz para descrever a afeição do sequestrado pelo sequestrador. Esse, no entanto, é um quadro descrito de uma época, de um tipo de instituição, de uma realidade. O estudante atual, em vários patamares institucionais, tem poder, não está subordinado ao professor, não lhe deve obediência nem reverência. É um ser livre.

Michel Maffesoli visualiza o professor num processo de iniciação como um coach, aquele que acompanha sem impor nem dispor. O "coachismo", contudo, apesar da moda e da aderência ao conceito, tende a exprimir uma situação menos ritual do que de reverência quase mágica, reproduzindo rapidamente o velho modelo daquele que sabe e educa o que não sabe. O professor vira guia, líder, condutor. O aluno transforma-se em discípulo e deve observar os passos e gestos do mestre, aprendendo por imitação. Certa vez, um coach e seu discípulo pediram uma reunião comigo. O coach era um jovem dinâmico, vestido conforme a tendência do momento, descolado, ágil, moderno. O discípulo era um empresário bem-sucedido, na casa dos cinquenta anos, que se sentia um pouco intimidado pela situação, quase constrangido. O meu papel, se bem entendi, era de

---

1. FREIRE, 2000, p. 21.

produzir temas para reflexão. A experiência não deve ter sido proveitosa para qualquer das partes. Por que mesmo? Talvez pelo fato de ter sido algo artificial, pensado como extremamente novo, realizado como algo bastante velho: o poder da palavra de um (eu) capaz de balançar outro, sob a orientação diagonal de um terceiro, a quem cabia aparentemente um amplo papel: ajudar o outro a reinventar-se da cabeça aos pés, da maneira de vestir-se ao jeito de falar, como um marqueteiro que reconstrói um candidato para que deixe de ser o que é, o que tem sido, e comporte-se como o esperado.

Lógica pura da demanda. Processo de adaptação ao esperado de acordo com pesquisas, levantamentos minuciosos de comportamento. Como um meio de comunicação que, pragmático, não busca desafiar o público, mas dar a ele o que ele pede. Em vez de arte, indústria cultural. Um romancista que não inova, não cria, não ousa, enfim, para não dificultar a capacidade de identificação do público leitor disponível. Se Paulo Freire postulava uma educação problematizadora, o "coachismo" persegue uma educação adaptadora. Como se comportar para ter a adesão de sua majestade, o cliente? A compreensão, como processo de empatia, exige se colocar no lugar do outro para sentir a sua singularidade. A adaptação impõe colocar-se no lugar do outro para se moldar a ele. A adaptação, embora não o confesse, oblitera a possibilidade de crítica.

Por outro lado, como Michel Maffesoli costuma comentar em qualquer conversa sobre educação, é fundamental também saber dizer sim à vida. O intelectual clássico tende a sempre dizer não, a negar tudo, a fazer da crítica um mecanismo de rejeição de qualquer forma de positividade como "aderência ao opressor". O cinema mataria o teatro; devia ser negado. A televisão mataria o cinema; devia ser excomungada. A internet promoveria o isolamento, a atomização, a "desescolarização". Todo cuidado com ela. Se, muitas vezes, uma tecnologia suprime a anterior (quem usa fax ou telégrafo atualmente?), nem sempre isso acontece. Há acomodação, segmentação, complementação. Meu amigo Pierre Lévy, num setembro em Porto Alegre, passeando comigo no acampamento onde gaúchos se reúnem a cada ano para comemorar a Revolução Farroupilha (1835-1845), discorreu longamente sobre um exemplo que gosta de usar: a distribuição de água encanada acabou com a profissão de transportador de água. Empregos foram dizimados. Outros surgiram. A anedota é contada com o objetivo de arrancar estas perguntas: o que fazer? Boicotar os encanamentos? Agarrar-se ao passado? Adaptar-se?

As respostas são óbvias. Tudo muda. Inclusive a escola. No terreno da educação, contudo, é preciso buscar um difícil equilíbrio entre crítica, adaptação, preparação para as necessidades imediatas, estímulo à reflexão global, existencial, social. Retirado do seu trono, o professor ganha novos contornos. Pode ser o facilitador, aquele que promove o debate, questiona, impulsiona, colabora. Facilitar, neste caso, implica problematizar. O facilitador não pode se eximir de colocar em pauta os temas sensíveis nem tapar os ouvidos às pautas que emanam dos estudantes e do meio em que estão inseridos. Se o coach ajuda a escalar a montanha, indo na frente, dando o exemplo, ou ao lado do principiante, o professor primeiro pergunta: por que subir a montanha? Não tem de ser necessariamente aquele que subirá primeiro ou melhor do que os outros. Críticos literários não estão obrigados a ser bons poetas ou romancistas. Bons comentaristas esportivos não precisam ter jogado futebol. Saber e saber fazer não são iguais. Uma anedota maldosa diz que quem não sabe ensina e que quem sabe faz. Nem sempre. O professor não é, embora isso também exista, o profissional de algum campo que se aposentou e passou a ensinar o que deixou de fazer. Edgar Morin faz um alerta que obriga a pensar bastante:

> Os intelectuais correm o risco de permanecer "nas nuvens", sem contato direto com o real. A experiência do real, físico ou social, comporta a experiência das provações, dos obstáculos e das limitações. A experiência da opressão alimenta a ideia de liberdade. Mas nem a experiência pessoal nem a ausência de experiência são decisivas: alguns podem ter passado pela condição concentracionária sem tirar lições dessa experiência radical, enquanto outros, longe dos campos, foram capazes de sentir, compreender e conceber tal experiência vivida em outro lugar e por outrem.[2]

Em outras palavras, o lugar de onde se observa o mundo e as experiências acumuladas podem contar muito. Ou não. Não há garantia de que o sofrimento ensine mais, por exemplo, do que o estudo sobre um objeto, fenômeno ou acontecimento. Como dizia Raymond Aron, "as pessoas não conhecem a história que estão fazendo". Ou nem sempre. O anti-intelectualismo exacerba o valor da experiência prática. O intelectualismo só crê nas ideias e abstrações. O professor anda na corda bamba: intelectual, a sua prática é o cotejo diário com a vida como ela se apresenta, com suas contradições, ambições e decepções; tendo sempre as mãos na massa, gosta de ver ideias encarnadas em fazeres que transformam e se transformam ao longo das práticas.

---

2. MORIN, Edgar. *O método 4 – as ideias*. Porto Alegre: Sulina, 2008, p. 80.

# 14
# A DIVERSIDADE DE SABERES

Educação é uma visão de mundo, um projeto, aquilo que considera o passado, realiza-se num presente e se projeta no futuro. Respeitar a diversidade de saberes deve constituir o seu DNA. O tempo da redução do múltiplo ao uno, quando se podia, de modo positivista, postular que o diverso aceitaria se conformar com uma unidade forçada, parece devidamente superado. Marcas sempre ficam. O pior do passado custa a morrer. Reações desesperadas aparecem como se fossem o estertor antes do desaparecimento fatal. Admitimos cada vez mais que vivemos na pluralidade, no confronto de ideias, na diversidade de comportamentos, de gostos e de culturas. Nem toda cultura, porém, é defensável. A proibição do talibã, de volta ao poder no Afeganistão, a que as mulheres estudem não é marca de diferença cultural, mas pura e simples dominação masculina em nome da religião. O controle do vestuário feminino pela polícia moral do Irã é outra manifestação dessa dominação implacável. Quem define o que é diferença cultural?

A resposta pode parecer decepcionante: as culturas. Não há metro definitivo. Quem define o que científico? Os cientistas. Lembrando o poeta Antonio Machado, tão admirado por Edgar Morin, caminho se faz caminhando. Ao longo do tempo, claro, experiências e reflexões foram acumuladas de modo a desenhar minimamente o que pode ser defendido como diferença cultural ou não. Tudo aquilo que significa mais liberdade sem prejuízo a terceiros tende a ser aceito. Quem poderia defender o incesto e a pedofilia como traços legítimos de uma cultura? Se no passado se praticou o infanticídio e o canibalismo ritual, quem relativizaria tais práticas hoje em qualquer cultura?

Um grande pensador liberal do século XIX, John Stuart Mill, consagrou o "princípio do dano", pelo qual tudo aquilo que não prejudica terceiros deve ser permitido e socialmente aceito. Mill foi um grande defensor da tolerância e da liberdade de expressão, um mercado das ideias, argumento e contra-argumento, posições em confronto, o que pressupõe forte crença na racionalidade discursiva. A liberdade para ele não pressupunha a liberdade de anular a própria liberdade, ou seja, de vender-se como escravo. No âmbito do seu tempo, Mill foi um revolucionário.[1] Ainda hoje seu pensamento insemina. Seu "princípio do dano", contudo, tem sido discutido ou ampliado. Se alguém fuma, prejudica apenas a si ou a outros? A definição de fumante passivo indica um prejuízo a terceiros. E se fuma sozinho em casa? Se adoecer, prejudica sua família; onera a sociedade se for para um hospital público. No limite, na interdependência social, pode haver dano a terceiros em quase tudo. Há situações de evidência absoluta.

Durante a pandemia de covid-19 negacionistas defenderam o direito de não tomar vacina com base no princípio da liberdade individual e da exclusividade do dano. Ficar desprotegido contra o vírus, no entanto, implica a possibilidade de ser contaminado por ele e de transmiti-lo a outros. O contra-argumento não se fazia esperar: o outro que tome a vacina. As vacinas contra a covid foram uma fantástica conquista da ciência em tempo recorde. Elas não impedem que se contraia a doença em função

---

1. Ver MILL, John Stuart. *Sobre a liberdade*. Porto Alegre: L&PM, 2016.

das mutações do vírus, mas diminuem, como se sabe, os riscos de gravidade, internação e morte. A vacinação em massa, na menor unidade de tempo possível, restringe o espaço de circulação do patógeno.

O que isso tudo tem a ver com educação e diversidade de saberes? Bastante. A escola transdisciplinar da complexidade deve estar aberta a todos os horizontes produtores de conhecimento. Deve-se ler Karl Marx e John Stuart Mill. Não só ler os dois como também recepcionar o que ambos aportam para o desenvolvimento dos saberes sobre a vida em sociedade. Uma escola brasileira não pode passar ao largo da diversidade constitutiva da sua cultura: saberes dos povos originários; saberes dos africanos transplantados à força para cá; saberes afro-brasileiros, constituídos a partir do encontro entre indígenas, africanos, europeus e daqueles que nasceram aqui como frutos do intercurso sexual, não raro violento, entre brancos e negros, brancos e indígenas, negros e indígenas; saberes do colonizador; saberes dos colonizados; saberes descolonizadores; saberes religiosos encarnados em orixás; saberes do catolicismo, do protestantismo, das religiões de matriz africana; saberes populares, míticos, lendários, práticos; saberes científicos, racionais; o saber do operário e o saber dos doutores; o saber da prática e o saber da teoria; o saber da razão e o saber dos sentidos; saberes transmitidos por tradição oral; saberes livrescos; o saber do homem do campo e o saber do diplomado; o saber das ruas e o saber das academias; o saber de quem viveu e o saber de quem estudou o vivido; saberes culturais, artísticos, rituais, familiares, grupais, tribais.

Todos somos, em algum grau, produtores de conhecimento. Alguns conhecimentos ajudam a organizar a vida de uma pequena comunidade. Outros ganham dimensão social total.

Morin, assim como o físico austro-americano Paul Feyerabend e o filósofo francês Jean-François Lyotard, não se cansa de destacar a legitimidade dos diversos tipos de saber. Uma vez, por telefone, perguntei a Lyotard como descobrir se um saber era um bom saber ou não. Era uma adaptação à sua reflexão sobre o ceticismo de Agripa, para quem cada prova exigiria sua prova.[2] Lyotard, que fazia cada um parecer inteligente com sua inteligência, riu e respondeu: "A vida". Feyerabend, com o radicalismo que seu "anarquismo epistemológico", conceito que forjou, e sua época permitiam, provocava: "A ciência é uma das muitas formas de pensamento desenvolvidas pelo homem e não necessariamente a melhor".[3] Não se tratava de negar a ciência, mas de respeitar outras formas de saber.

Foi isso que Lyotard defendeu em seu relatório sobre a condição pós-moderna. O relativismo pós-moderno não sustentaria contraditoriamente que não existe verdade, o que, estando certo, já seria uma verdade, mas que muitas verdades apresentadas como tal não haviam feito suficientemente a apresentação de suas evidências. No fundo, para muitos e por muito tempo, falsa sempre foi a verdade do outro. Ideologia ainda é o pensamento do outro. Essa relativização, contudo, conhece rapidamente as suas distorções: há os que sustentam que a Terra é plana, que o ser humano não foi à Lua etc. Todo ser humano morre. A ciência pretende mudar esse destino. Oxalá, consiga. Uma escola da complexidade abre-se a todos os saberes situando-os no seu contexto. Há o lugar do mito e o lugar da ciência. A dengue é transmitida por um mosquito, não por formigas.

---

2. Ver LYOTARD, Jean-François. *O pós-moderno*. Rio de Janeiro: José Olympio, 1986.

3. FEYERABEND, Paul. *Contra o método*. Rio de Janeiro: Francisco Alves, 1977, p. 447.

O agente da covid-19 é um vírus, não uma bactéria. Isso muda tudo. Muda o modo de enfrentá-los. Enquanto se vacinam, pessoas rezam e pedem proteção a Deus.

O antropoceno fez do homem a medida de todas as coisas. As diversas sabedorias ancestrais redimensionaram o papel do humano inserindo-o na escala cósmica. Seus legados continuam atuantes. Krenak enfatiza que o antropoceno é uma "configuração mental", e que essa configuração "é mais do que uma ideologia, é uma construção do imaginário coletivo".[4] Não há como uma escola da complexidade fugir desse debate. Esse é um conteúdo obrigatório. Com seus diversos saberes, antagônicos e complementares, os seres humanos amparam-se nas dificuldades, protegem-se no desamparo, fortalecem-se espiritualmente quando se sentem fracos materialmente, expressam perplexidade diante da imensidão do universo, enxergam-se diminutos e admirativos diante das estrelas, deliram, poetizam, sublimam e produzem o sublime, confessam seus medos, contam para si mesmos o que significa viver e sonhar. Morin define mito como um "conjunto de condutas e de situações imaginárias".[5] Até cientistas podem ter seus mitos. Ainda não se descobriu cultura sem mitologias, narrativas de fundação, crenças sobrenaturais, lendas e ficções coletivas. O homem racional também delira. Esses delírios podem ser a expressão de sua saúde mental.

A escola transdisciplinar bebe e faz beber nas mais diversas fontes e influências: na cultura clássica e na cultura popular; nas obras de Shakespeare e nas histórias em quadrinhos; nos games e nas fábulas que atravessaram os tempos e continuam sendo contadas; na poesia e nas músicas populares, na MPB, no rap, no funk, na música sertaneja; no cinema e nas séries da Netflix;

---

4. KRENAK, 2019, p. 53-54.
5. MORIN, Edgar. *As estrelas*. Rio de Janeiro: José Olympio, 1989.

na alta literatura e na literatura de entretenimento; na cultura erudita e na indústria cultural; na sociedade do espetáculo e no espetáculo da diversidade. Só a monocultura lhe é estranha. "Traduzir-se", poema de Ferreira Gullar, musicado por Fagner, ilustra essa visão do ser humano complexo e singular, sempre dividido entre o concreto e o imaginário:

> Uma parte de mim
> é todo mundo;
> outra parte é ninguém:
> fundo sem fundo.
>
> Uma parte de mim
> é multidão:
> outra parte estranheza
> e solidão.
>
> Uma parte de mim
> pesa, pondera;
> outra parte
> delira.
>
> Uma parte de mim
> almoça e janta;
> outra parte
> se espanta.
>
> Uma parte de mim
> é permanente;
> outra parte
> se sabe de repente.

> Uma parte de mim
> é só vertigem;
> outra parte,
> linguagem.
>
> Traduzir-se uma parte
> na outra parte
> — que é uma questão
> de vida ou morte —
> será arte?[6]

Esse tecido complexo é o ser humano. Como o entender profundamente sem a ciência da poesia? A escola da complexidade valoriza uma pedagogia poética, fazendo ver que a poesia pode estar por toda parte, superando a cada dia a prosa rotineira do cotidiano, na imagem do gol que Pelé não fez, no gol que ele fez, o famoso gol da rua Javari, que não foi filmado, num passe de balé, num poema de ônibus, numa canção de Chico Buarque, de Roberto Carlos, no empoderamento feminino de Anitta, na voz sublime de Milton Nascimento, na pegada do rap, em todas essas manifestações que traduzem em arte cada parte de nós.

Historiador, pesquisei o passado escravista do Brasil para o livro *Raízes do conservadorismo brasileiro: a abolição no imaginário social e na imprensa*[7], que deveria ter tido como título "Segunda-feira, 14 de maio de 1888". Como é acordar numa segunda-feira, depois de mais de três séculos de cativeiro, e saber que a infâmia foi legalmente extinta? Nessa investigação, uma

---

6. GULLAR, Ferreira. *Na vertigem do dia.* São Paulo: Companhia das Letras, 2017.

7. SILVA, Juremir Machado da. *Raízes do conservadorismo brasileiro.* Rio de Janeiro: Civilização Brasileira, 2017.

norma de 1854 me chocou sobremaneira: o decreto 1.331, de 17 de fevereiro de 1854, conhecido como Reforma Couto Ferraz, regulamentou o ensino primário e secundário, tornando-os gratuitos na Corte, sendo o primeiro obrigatório aos maiores de sete anos. Em contrapartida, estabeleceu que: "Art. 69. Não serão admitidos à matrícula, nem poderão frequentar as escolas: § 1º Os meninos que padecerem moléstias contagiosas; § 2º Os que não tiverem sido vacinados; § 3º Os escravos". Ó, a infâmia! A infâmia absoluta!

Essa dívida ainda não foi totalmente paga. A política de cotas tem sido uma ferramenta capaz de começar a corrigir o passivo acumulado. Proibir crianças escravizadas, negras, de frequentar escola foi o ápice de uma cultura baseada no parasitismo, com um tripé: pedagogia da usurpação do corpo e da mente; pedagogia do castigo; pedagogia da exclusão. Nada era deixado ao acaso. Sabia-se do poder da escola, mesmo de uma escola do opressor, para acender lampejos na mentalidade de uns ou de muitos, pelo simples fato de ensinar a ler e escrever. Umberto Eco, nas suas aulas no Collège de France, repetia que, quando se alfabetiza uma pessoa, não se terá garantia de que ela não lerá o que provocará a perda do benfeitor. A educação tem um componente primário libertador, um potencial embutido de geração de reflexão. Nada assegura que a mensagem, mesmo quando emitida intencionalmente, para produzir determinado efeito, não será desviada pela interpretação do receptor. Imaginar o contrário significa conceber o receptor como inteiramente passivo. Quanto mais, evidentemente, se amplia o campo da percepção, maiores são as chances de leitura autônoma, dissonante ou divergente, do que está sendo capturado pela mente. Uma sociedade precisa de consensos para funcionar. A liberdade de que se alimenta a democracia necessita também de dissenso. Criticar é pôr em crise, tentar abalar fundamentos, a partir da possibilidade de dissentir.

Como indicava Paulo Freire, uma educação problematizadora leva a que "a captação e a compreensão da realidade" se refaçam, "ganhando um nível que até então não tinham".[8] Educar para a liberdade tem algo de revolucionário, mas não necessariamente da revolução com a qual sonhava o maior pensador da educação que o Brasil já produziu. De certo modo, Freire captou perfeitamente a lógica do processo, mas fixou um objetivo, compatível com o imaginário do seu tempo, que se revelaria problemático ou simplesmente equivocado. O educador compreendeu os mecanismos da educação dominante na sua época, mas não conseguiu se libertar da influência da educação que ele mesmo recebeu ou que construiu para si, tornando-se até certo ponto prisioneiro do que deveria libertá-lo. É possível ser livre antes da metamorfose?

A melancolia do crítico de extrema direita de Paulo Freire é perceber por momentos que, mesmo sem o marxismo, mesmo sem o espectro do comunismo, a teoria dele se mantém revolucionária, ou até mais, como princípio gerador de reflexão, produtor de consciência, química eficaz contra o dogmatismo e as blindagens ideológicas, inclusive o dogmatismo do próprio Freire como produto das utopias que viveu. Quem aprende a pensar pode pensar contra tudo e todos, até contra si. Quanto mais os indivíduos pensam sobre seus problemas, suas vidas, suas relações, seus ambientes e seus contextos, mais se interessam por esses assuntos e mais entendem de que matéria é feita a vida que levam. Cada um, como diz a letra de Caetano Veloso, compreende melhor "a dor e a delícia de ser o que é", acrescentando as causas e os prováveis responsáveis por tal estado das

---

8. FREIRE, 2000, p. 61.

coisas. A educação centrada no que mobiliza cada um, de fato, pode ser muito perigosa. Extremamente perigosa para quem ganha com a ignorância alheia.

Não se pode, porém, pensar a educação apenas negativamente, pelas suas distorções históricas, fazendo dela uma permanente pedagogia da opressão. Na diversidade dos saberes, no pluralismo das opiniões, na multiplicidade dos objetivos e na polissemia das interpretações, a educação é jogo aberto, feito de pequenas ou grandes alegrias, de encantamentos, de encontros e de descobertas. Diariamente o educando descobre alguma coisa: tira o véu, destapa, revela, desvela, ilumina. Essas descobertas fazem olhos brilhar, deslumbram, apaixonam. Mão na mão, ombro a ombro, lado a lado, professores e alunos caminham. As caminhadas são lembradas com saudades nas festas que reúnem, passados alguns anos, os caminhantes, então extraviados pelo vasto mundo da vida. Quanto mais o tempo passa, mais a nostalgia se intensifica. Quem não participa de um grupo de WhatsApp com seus antigos colegas de escola, de cursinho, de faculdade, de mestrado, de doutorado? Nestes últimos anos, ouvia-se com frequência este tipo de comentário: "Sabe o fulano? Virou bolsonarista. Lembra quando ele era meio hippie?".

*C'est la vie.* Alguns olham para trás e sussurram como Eliot num dos seus poemas mais famosos, "nós somos os homens ocos"; outros, como no famoso título da autobiografia de Paulo Neruda, gritam: "Confesso que vivi". A educação tem parte nisso. Alguém com doutorado passou ao menos 22 anos em salas de aula. O que se busca? Depende da linguagem em voga, da cosmovisão dominante, do imaginário: atualização, aperfeiçoamento, preparação para as duras disputas de mercado, conhecimento, qualidade de vida futura. Aposentados voltam a estudar em cursos da terceira idade, presenciais ou remotos, e, com frequência, afirmam que, resolvidos os problemas financeiros, buscam prazer e sabedoria. Da vida ganha ao ganho de saber. Pedagogias da satisfação, da convivência, do compartilhamento. Educação lúdica.

Na infância e na velhice o lúdico predomina. Evidentemente que existem outras realidades, como a Educação de Jovens e Adultos (EJA), onde, a despeito de dificuldades frequentes, como trabalhar de dia e estudar de noite, por salários insuficientes, em jornadas exaustivas de labuta penosa, há, em sala de aula, esperança no ar. Educação e esperança são palavras que formam par. Andam quase sempre juntas. No grande circuito educacional, essa malha social de tantos nós e de tantos investimentos – afetivos, financeiros, de energia, utópicos –, há também desesperança, evasão escolar, violência, desencanto, incompreensão, ruptura. Afinal, o paraíso não é deste mundo.

Transdisciplinar por sensibilidade, ecológica por consciência crítica, tolerante por sabedoria e fé na riqueza das diferenças, a escola da complexidade só aceita se declinar no plural. Conjugação de pontos de vista, de vistas de um ponto ou de vários, de sensibilidades, de perspectivas, de olhares, de cosmovisões, de ideologias, de representações, de subjetividades, de experiências, de saberes, de teorias e práticas, ela é uma rede tecida a cada dia por todos que a embalam e nela se embalam. Nessa escola sempre em construção, desconstrução e reconstrução, ninguém larga a mão de ninguém. Ali, o futuro a todos pertence, inclusive ao inesperado.

# 15
# Lúdico e "gamificação"

Intelectual de teorias e experiências, Walter Benjamin queria "aplicar à história o princípio da montagem", o que passava por "descobrir na análise do pequeno momento individual o cristal do acontecimento total". A imagem é bela. Marxista pouco ortodoxo, Benjamin era homem de grandes intuições e vastos pensamentos estéticos. Essa frase parece ter sido concebida sob medida para descrever a educação, mais especificamente a relação entre professor e aluno; a aprendizagem não deixa de ser esse "cristal do acontecimento total" capturado no acompanhamento de pequenos momentos individuais.

Benjamin fazia uma caminhada solitária à margem da sua filiação teórica, a Escola de Frankfurt, de Theodor Adorno e Max Horkheimer, ainda hoje tão odiada pela extrema direita. Para ele, "somente um pesquisador superficial pode negar que existem correspondências entre o mundo da tecnologia moderna e o mundo arcaico dos símbolos da modernidade".[1] Encontro entre a tecnologia de ponta e o arcaico, espaço do emocional, dos afetos recorrentes, é a definição de Michel Maffesoli para a pós-modernidade. Compreender o humano continua exigindo atenção à sua inclinação ao simbólico. Educá-lo, portanto,

---

1. BENJAMIN, Walter. *Passagens*. Belo Horizonte: UFMG, 2007, p. 503.

requer a capacidade de integrar objetividade e subjetividade. Uma pedagogia da complexidade, entre cérebro, espírito, mente e coração.

Cronista da modernidade, com suas galerias e vitrines, Benjamin consagrou a figura do *flâneur*, o passante, aquele que passeia fruindo os prazeres da cena cotidiana, assim como Charles Baudelaire, nas suas *Flores do mal*, que Benjamin dissecava, havia cantado, no século XIX, num dos seus mais belos poemas, a figura de uma passante:

> A rua ensurdecedora num alarido rugia em torno.
> Alta, magra, toda de luto, dor majestosa,
> Passou uma mulher, com a sua mão suntuosa
> Levantando, balançando do vestido seu contorno.[2]

Assim como Baudelaire, Benjamin sabia que o mundo da tecnologia nunca mais seria o mesmo da época dos objetos únicos. Ele recorreu à palavra "aura" para falar, conforme o título de um dos seus mais famosos textos, da "obra de arte na era de sua reprodutibilidade técnica". Estava falando de "abalo na tradição", de perda do valor ritual, de atrofia da singularidade. Numa das suas melhores frases disse que "os gregos foram obrigados, pelo estágio de sua técnica, a produzir valores eternos".[3] Seria essa a ambição de um Finkielkraut e de todos os que lamentam a perda da aura da educação tradicional? Produzir valores eternos? Alunos com Shakespeare na ponta da língua?

---

2. Ver BAUDELAIRE, Charles. *Flores do mal [o amor segundo Charles Baudelaire]*. Porto Alegre: Sulina, 2008, p. 24. Tradução de Juremir Machado da Silva.

3. BENJAMIN, Walter. *Obras escolhidas: magia e técnica, arte e política*. São Paulo: Brasiliense, 1985, p. 175.

A tecnologia mudou e com ela as sociedades. Ou as sociedades mudaram e com elas as tecnologias. O mais provável, sem cair na tentação determinista, é que a marcha das tecnologias acarrete alterações sociais incontornáveis. A escola jamais fica alheia a tais mudanças. Uma arte sem aura para Benjamin, porém, não é uma tragédia. O cinema, que não produz objeto único, o filme, mas cópias, nasce sem aura, mas não sem magia. Essa discussão é interminável. O livro tem aura? Ou só há aura em primeiras edições, fetiche de colecionadores? A aura do objeto único, a Mona Lisa, só aumenta com suas reproduções. O ponto aqui é outro: o que vale uma educação sem a aura da tradição?

O mesmo Benjamin avisou: "Com o *flâneur* a intelectualidade encaminha-se para o mercado".[4] Aqui duas exclamações podem ser ouvidas. O liberal: "Qual o problema?". O marxista: "Que horror!". O social-democrata, ou o social-liberal, busca o caminho do meio. Nem tudo ao Deus mercado, com seu mau humor e sua ganância, nem tudo contra as relações de troca baseadas no lucro. O que acontece quando certa ideia de valor se perde, mas outra a substitui prontamente? A educação pelo sacrifício não rende mais. A ordem do dia é o lúdico.

Uma vez, em entrevista feita em Paris, perguntei a Umberto Eco a razão pela qual havia colocado trechos em latim no seu best-seller *O nome da rosa*. Ele riu por um batalhão inteiro e respondeu que para fruir o prazer pleno da sua obra o leitor tinha de fazer sacrifício, subir ladeira carregando pedra. Levei a sério. Achei que era uma estranha faceta pedante do famoso, mas muito simpático, escritor italiano, craque em romance, referência acadêmica, erudito de cultura e memórias inigualáveis. Anos depois, em Milão, repeti-lhe a pergunta. Ele riu baixo e

---

4. BENJAMIN, 2007, p. 47.

disse: "Encontre uma resposta, a que quiser, jogue com isso". Era jogo. Eco sabia jogar. O saber era um grande jogo para ele.

O jovem de hoje é um hedonista que não aceita carregar uma pedrinha nas costas para sentir o gosto das belas obras? Não faz qualquer esforço para entender a beleza de um teorema? Não sua para curtir o gozo de uma equação bem-resolvida? Quer tudo mastigado? Entedia-se com qualquer coisa que dure mais de quinze minutos? Considera *Cidadão Kane* um filme velho, escuro e chato? Diz-se o mesmo do público que consome os produtos da mídia. Só aceita o que é leve, rápido e divertido. Ou erótico. Num telejornal russo, a apresentadora teria apresentado cada notícia tirando uma peça de roupa, até terminar nua. Jornalismo e entretenimento, jornalismo para entreter, espetáculo atrás de espetáculo, da comédia à tragédia. Jean Baudrillard já dizia que o meio, a mídia, não se respeita mais e toma-se pelo acontecimento.[5] Para as massas, o público, tudo o que não lhe diga respeito não passaria de entretenimento. A pessoa lê tal coisa e pensa: verdade.

Verdadeiro ou verossímil? E se o lúdico for capaz de ajudar a passar a mensagem? E se a pedagogia lúdica der melhores resultados? E se for possível aprender o mais difícil brincando? E se essa obsessão pelo leve e pelo divertido ainda for uma reação ao paradigma do sacrifício? Por que mesmo era fundamental saber de cor os nomes dos sete sábios da antiguidade, os afluentes do Amazonas e a tabela periódica? Por que a sociedade cobrava isso? Por que não existia o Google? Essas respostas corriqueiras não podem ser pistas para a compreensão do tamanho da mudança? A memória artificial libertou-nos da precariedade da memória natural. É possível carregar uma memória de bolso mais eficaz.

---

5. Ver BAUDRILLARD, Jean. *Tela total: mito-ironias da era do virtual e da imagem*. Porto Alegre: Sulina, 1999.

A vida em algum momento, contudo, mostrará que nem tudo é lúdico? O aluno estará despreparado para o lado duro da existência? Como gosta de lembrar o centenário Edgar Morin, bebendo em Pascal, uma das suas fontes favoritas, o contrário de uma verdade profunda pode não ser um erro, mas outra verdade profunda. O jovem de hoje, educado desde a mais tenra idade na estética dos games, só aceita o que for gamificado? Pode, em sala de aula, um professor concorrer com dispositivos tão sofisticados e sedutores? Sim e não. Nem tudo deve ser gamificado. Nem tudo pode ser gamificado. A gamificação, como a uberização do trabalho, faz soar vários alarmes e mostra que os objetos únicos dos gregos antigos não voltarão a *auratizar* nosso cotidiano. Será preciso negociar. Quanto mais lúdico, melhor. O sacrifício será reservado para o imprescindível. Uma mensagem se esconde possivelmente por trás da aparência frívola do lúdico: só dá prazer o que interessa.

Lúdico é aquilo que mobiliza. O *homo faber*, produto da revolução industrial, em suas versões capitalista ou socialista, só sente prazer no trabalho. Adoece no final de semana em casa. Fica com taquicardia. Só tem tesão na produção. Esse é o lúdico para ele. Talvez tenhamos de admitir, como os físicos diante de certas questões fascinantes, que ainda não temos as respostas. Como resolver de uma vez por todas a questão da motivação? Fazendo com que os alunos sintam prazer no que aprendem. Como fazer para que sintam prazer e tenham o melhor aproveitamento? Não sabemos. Nem sempre sabemos. No entanto, sabemos que na marra não vai mais. Nem deve ir. Nunca deveria ter ido. Os sinos dobram pela circunspecção e pelo culto ao sacrifício. Em contrapartida, não se aceita mais qualquer brincadeira baseada na humilhação, que foi, durante muito tempo, o ganha-pão dos humoristas e o chicote dos fortes contra os fracos, criando fossos entre alunos e professores, alunos e alunos, professores e professores etc. O novo gosto pelo divertido anda de par com a rejeição ao velho humor.

Os games não são os novos inimigos da educação. Podem ser aliados. Como em quase tudo, deveriam vir com a recomendação estrita: consuma com moderação. Obsessão pelo prazer pode ser doença. Obsessão pelo dever também era. Sabe-se que algumas figuras de ponta do mundo das novas tecnologias, que já parecem tão velhas, tendo começado a se popularizar nos distantes anos 1990, limitam o acesso de seus filhos a computadores, celulares e outros dispositivos eletrônicos. Seria o caso de Bill Gates. As tecnologias não são neutras. Elas afetam o mundo e os seus usuários, incidindo sobre seus corpos e mentes. Podem surgir doenças provocadas por movimentos repetitivos, assim como o consumo excessivo pode resultar em dependência. Estamos num mundo novo. Ainda não sabemos inteiramente como lidar com ele. Ficamos deslumbrados com as novas possibilidades e assustados com certos efeitos. Não queremos mais o passado, tememos um pouco o futuro da automatização, dos robôs, da inteligência artificial, que, na ironia de Jean Baudrillard, esperamos que nos salve de nossa estupidez natural. A facilidade de comunicação nos coloca em contato com o planeta. As fake news ameaçam eleições e a democracia. Crimes cibernéticos nos apavoram. Para cada avanço, como ensina Edgar Morin, há sempre uma possibilidade de regressão. Nada está garantido. No fundo, para a maioria de nós, como dizia Arthur Charles Clarke, "qualquer tecnologia avançada o suficiente é indistinguível da magia".[6]

A pergunta que não cala é: o que fazemos agora?

---

6. CLARKE, Arthur Charles. *Apud* MUKHERJEE, 2016, p. 282.

A escola do presente não pode querer ser um espelho do passado, um pretérito imperfeito idealizado num retrovisor pedagógico sem aferição. Tampouco uma propaganda acrítica de um futuro paradisíaco de acrílico. Complexa, a escola transdisciplinar pesa e pondera. Uma parte delira; outra parte, considera. Não se imobiliza. Nem imobiliza. Considera que é fundamental se reinventar a cada dia. Mas toda reinvenção tem seu preço, seu custo, suas consequências. Um custo existencial. Somos o que construímos com aquilo que nos constrói. Estamos sozinhos, por enquanto, na aventura sideral. Ainda precisamos aprender a navegar de modo realmente colaborativo. Quando conseguirmos, daremos saltos quânticos em pedagogias da fruição.

O "pequeno cristal do acontecimento total" brilha diante de nós. O mercado vai devorar o *flâneur*? A educação vai ser toda ela ministrada em shopping centers? Cada época com as suas utopias e as suas distopias. O campo educativo, como o campo da luta desenhado pelos marxistas, ampliou-se, segundo Michel Houellebecq, ao plano da sexualidade.[7] Indicadores mostram que em muitos aspectos, para uma parte da população mundial, a vida é melhor hoje do que ontem, mais longa, menos trabalhosa, mais saudável, menos cruel. Para outra parte, o pesadelo continua, pesadelo 2.0, 3.0 etc. Na porta de um bar de periferia, um velho brincava com seu neto manipulando um celular:

– A vida não é um jogo – dizia.
– Um game – corrigia o neto.

---

7. HOUELLEBECQ, Michel. *Extensão do domínio da luta*. Porto Alegre: Sulina, 1999.

# 16
# Princípios da pedagogia complexa da convivência

Segundo Walter Benjamin, "Marx orientou suas investigações de modo a dar-lhes valor de prognóstico".[1] O melhor dele, porém, são os diagnósticos. Prever o futuro continua sendo uma tarefa ingrata. Se Marx não acertou o alvo, o que dizer de outros menos afiados? É claro que o leitor poderá redarguir que ele acertou em cheio. O ponto aqui não são os acertos ou não de Marx, mas, como preâmbulo, indicar que um bom diagnóstico pode valer mais do que mil prognósticos. Um projeto educacional consistente precisa se basear em diagnósticos críveis. Educar é, por definição, algo complexo. Por que tanta simplificação?

Como hipótese, pode-se imaginar que os seres humanos simplificam quase que automaticamente para tentar reduzir o difícil a algo mais fácil. Às vezes, funciona. Em geral, não. Balzac, que não amava os jornais e os jornalistas, talvez por conhecê-los bem e por ter publicado em jornais para ganhar o sustento mais imediato, ironizava dizendo que para "o jornalista tudo o que é verossímil é verdadeiro".[2] É um exemplo complexo, como ironia exitosa, de simplificação. É verdade que, com frequência indevida, jornalistas tomam por verdadeiro algo que é apenas verossímil. A astúcia da simplificação consiste justamente em

---

1. BENJAMIN, 1985, p. 65.
2. BALZAC, Honoré de. *Os jornalistas*. Rio de Janeiro: Ediouro, 1999.

apresentar-se à luz do dia como verossímil. Se um jornal noticia que um político é corrupto, então ele só pode ser corrupto; afinal, são tantos os casos de políticos corruptos. Duvidar exporá a pessoa a ser considerada ingênua ou lhe valerá uma suspeita implícita ou explícita de ter o seu corrupto de estimação. Essa generalização, como se sabe, volta e meia produz injustiças individuais irreparáveis, além de criminalizar a política como um todo, o que representa um prejuízo social imenso. Não há democracia sem política. Nem política, no sentido nobre e forte desse termo, sem democracia.

O chamado *homeschooling*, por exemplo, faz da verossimilhança sua demonstração de verdade. Uma educação em casa, exclusiva, direcionada aos interesses de um aluno, não de muitos, só poderia ser melhor, com mais atenção à especificidade do educando. Exemplos bem-sucedidos podem ser apontados. Cita-se com frequência o caso de Albert Einstein. Os príncipes e seus preceptores também podem entrar na dança demonstrativa das supostas vantagens de não mandar crianças para escolas. Não vale a pena entrar aqui na discussão de um ensino com preceptores e outro realizado por pais sem a preparação adequada. O grande mérito da escola, aquilo que lhe garante o máximo de complexidade, no entanto, pode estar justamente naquilo que o ensino domiciliar condena: o compartilhamento. Uma pedagogia da convivência. Prevalência da lógica da oferta sobre a lógica da demanda.

O princípio da pedagogia complexa da convivência estabelece que o aprendizado em grupo aciona ao mesmo tempo um conjunto de competências cerebrais, sociais, cognitivas, culturais e afetivas. Aprende-se um conteúdo específico e simultaneamente um modo de estar no mundo. Educar é primordialmente ensinar a relacionar-se com o outro, esse outro com o qual se conviverá ao longo da vida, esse outro que assusta, comove, demove de certas ideias, irrita, irrita-se conosco, insiste e permanece sendo o que é, diferente, único. Dominique Wolton entende que o mais importante e difícil não é a informação, mas a comunicação. O que isso quer dizer? Antes de tudo que informação é um dado; comunicação é a relação.[3] Estar em uma sociedade da informação pode ser relevante. O fundamental, porém, é entrar numa sociedade da comunicação, o que requer um horizonte de compreensão mútua. Máquinas trocam informação. A comunicação é outra história. Uma história de contato, troca, compartilhamento. Educar sempre é pôr em relação.

Só a escola faz isso profunda e complexamente. Conta-se que um sábio persa, pois os sábios das fábulas são sempre persas, indianos ou chineses, teria oferecido a estranhos um vegetal cultivado organicamente. O grupo em questão teria reagido com estranheza – aquilo que se espera do estranho quando não está aberto à diversidade – por conhecer e cultivar em larga escala aquela planta. Então o sábio teria dito com humildade, depois de muitas imagens poéticas e desculpas contidas em fórmulas tradicionais de tratamento, que não lhes estava oferecendo um produto da sua horta, mas uma maneira de cultivar, um modo de existir, uma relação com a terra.

É nesse sentido que a educação não pode se resumir a uma prática conteudista. A aquisição de informações isoladas pode, cada vez mais, ser feita isoladamente. O acúmulo de dados independe de qualquer relação. Outra coisa é a significação, a atribuição de sentidos socialmente pertinentes. Para ser complexa, a educação não pode dispensar, nem se dispensar, de certos requisitos como a socialização. Juntar, dividir e compar-

---

3. Ver WOLTON, Dominique. *Informar não é comunicar.* Porto Alegre: Sulina, 2009.

tilhar estão entre os verbos mais regulares da prática pedagógica. Uma escola da complexidade volta-se para a relação com o outro, pois parte do pressuposto de que a convivência depende da compreensão e que a compreensão deve estar lastreada na convivência. Ensinar a respeitar o outro e a conviver com a diferença é um dos conteúdos mais relevantes dessa escola transdisciplinar e humanista.

Atenção: humanista sem especismo. A escola da complexidade insere o humano na relação com a natureza e com as outras espécies. Não o situa no topo de uma cadeia imaginária. Relativiza seu poder e sua dimensão ao mesmo tempo em que busca fazê-lo compreender suas responsabilidades éticas e ecológicas como agente capaz de degradar o planeta, como mostram as alterações climáticas em curso. A primeira lição, para usar uma palavra que foi descaracterizada por conteúdo autoritário ao longo do tempo, é a mais doméstica possível: o planeta é a nossa casa. Precisamos cuidar dele como cuidamos do lar quando amamos o nosso recanto ou lugar. O planeta é a nossa casa comum, compartilhada, espaço de convivência entre diferentes.

Se complexo é o ato de tecer vários fios juntos, nada mais complexo do que a convivência, pois o outro, mesmo quando da mesma cultura, é sempre singular, único, diferente. Tecer os diversos fios da convivência, numa rede de alteridade, paradoxos, contradições, particularidades, desejos próprios, ambições opostas e projeções assumidas, representa um belo e espinhoso desafio. Nenhuma fórmula pode prever soluções definitivas para os conflitos cotidianos que se repetem, aceleram ou modificam. Viver é delicioso, perigoso, sem bússola, sem GPS, sem cartilha. A força do desejo enfrenta a força das estruturas. Elas travam uma guerra de múltiplas batalhas. A mobilidade será maior ou menor de acordo com a resistência estrutural fixada pelos arranjos de poder na longa duração. Não é eterno, tudo se move, porém, lenta ou velozmente.

Na convivência há comunhão, compartilhamento e alegria. Mas também desencontro, hostilidade e tristeza. Conviver é aproximar uma parte da outra parte, produzindo relações de máxima atração e mínima repulsão. É preciso, na linguagem coloquial, que dê química. A convivência que a escola da complexidade e da diversidade estimula é aquela que faz da diversidade um equilíbrio de diferenças, uma química dos afetos, um mosaico de singularidades, sem limitar cada parte a um espaço restrito nem a uma zona de proteção ou segurança, sem feudos nem guetos, os diferentes se misturando numa conjunção de grandes zonas hachuradas. Se no drama *Entre quatro paredes*, escrito em 1945, sob os ventos da terrível Segunda Guerra Mundial, o filósofo existencialista Jean-Paul Sartre consagrou a expressão "o inferno são os outros"[4] – o outro como projeção infernal do eu, categoria de acusação por excelência –, o século XXI tem de ver no outro o horizonte da compreensão mútua.

O que ensina a escola da complexidade em primeiríssimo lugar? O valor social e cognitivo da convivência. Quando mais do que nunca a tecnologia facilita o isolamento, embora promova aproximações virtuais e, como consequência, encontros presenciais, a escola complexa adere aos híbridos como elementos propulsores. Certos tipos de aula podem muito bem ser remotos, favorecendo a permanência em casa, evitando deslocamentos dispendiosos em horários desfavoráveis; outros devem obrigatoriamente ser presenciais, de corpo e espírito presentes. Há no presencial uma química que pode ser sentida,

---

4. SARTRE, Jean-Paul. *Entre quatro paredes*. Rio de Janeiro: Civilização Brasileira, 2011, p. 23.

mesmo que seja difícil de explicar. A tecnologia deve estar a serviço da proximidade, diminuindo distâncias, permitindo encontros improváveis sem ela, servindo de alavanca digital ou de paraquedas para saltos radicais. Proximidade, *proxemia*, o outro como próximo, porta e ponte para a interação.

## 17
# Coworking e disrupção

Transdisciplinar como qualquer interação social orgânica, a escola da complexidade não deixa de ser um espaço privilegiado de *coworking*. Todas as etapas podem funcionar em colaboração: do transporte ao aprendizado central. Uma escola é um empreendimento cooperativo. Quem coopera multiplica. Compreensão, colaboração, cooperação, convivência, cogestão, tantas palavras que se atraem. Controle destoa. Se para muitos ressoava na escola a descrição feita por Foucault de instituição de disciplina ou controle e a devastadora crítica de Paulo Freire à pedagogia da opressão, a escola complexa, que já existe como parte e processo, engatinha como utopia de uma escola feliz para todos. A vida escolar não se resume ao trabalho formal. As atividades extraclasse contam muito. As relações afetivas tecidas contam ainda mais. A vida numa faculdade pode ser contada em amizades, amores, casamentos, viagens, festas, planos, até revoluções feitas em bares.

Que um jovem saiba exatamente o que quer para a vida inteira aos dezessete anos de idade, quando ingressa numa universidade, nunca deixa de ser surpreendente. Muitos erram, trocam, erram e trocam novamente. A maioria parece seguir o plano original. O mapa funde-se com o território. Durante muito tempo, com as pressões familiares para o filho ser isto ou aquilo – médico em família de médico, advogado em família de advogado – e os vestibulares altamente concorridos, errar era quase uma condenação. Na lista das invenções cruéis de muitas culturas deveria ser incluído o vestibular, sistema de exclusão de jovens do sonho de aprendizagem de determinada profissão. A concepção meritocrática convenceu muitos de que só os melhores deveriam ser recebidos. Solução fácil para governantes. Em vez de criar vagas, de investir mais em educação, jogar jovens em lutas fratricidas. Nalgumas modalidades de estudo, ainda pode ser muito difícil entrar e bastante fácil sair. O contrário sempre parece mais razoável. A escola da complexidade deveria ter como divisa em seu frontão esta frase singela: todo aquele que deseja estudar será bem-recebido aqui. Um velho e modesto professor, tão discreto que não queria ver seu nome envolvido em nada que pudesse lhe trazer elogios, dizia: a nossa tarefa é dar asas aos melhores e melhorar os que ainda querem voar.

O aprendizado da simplicidade profunda não se faz sem muito investimento em complexidade. Toda escola é, por definição, uma escola da convivência. Nem toda instituição, porém, pratica os cinco sentidos da relação complexa. Algumas falam muito e ouvem pouco. O problema do que Paulo Freire chamava de "educação bancária", em que o professor deposita saber na conta do aluno passivo, não está só no fato de o professor falar sem parar, mas na impossibilidade da réplica. Não há comunicação. Ainda existe essa situação na escola do século XXI? Não é de duvidar que a capacidade de escuta seja um problema considerável. Conviver é negociar, fazer concessões, ouvir o outro, dar e receber, praticar o difícil exercício do encontro com o diverso, sentir, compartilhar afetos, tocar, brincar, jogar, dividir emoções.

Na contramão da maioria dos analistas das sociedades pós-1968, que denunciam o individualismo exacerbado, o egoísmo e o isolamento, Michel Maffesoli sustenta que os tempos atuais, que ele chama de pós-modernos, são marcados pelo gregarismo, a tendência para formar grupos, tribos, conforme a palavra usada pelo sociólogo francês. Esse tribalismo, muito em voga entre jovens, que adotam uma linguagem comum, com gírias próprias, vestem-se da mesma maneira, ouvem as mesmas músicas, criando determinada atmosfera, tem, para Maffesoli, características singulares: pode-se pertencer a mais de uma tribo ao mesmo tempo. Não há fidelidade definitiva. Vale mais a identificação, mesmo passageira, do que a identidade calcificada. Em outras palavras, há prazer em estar junto com outros, presencial ou remotamente, sem compromisso de permanência.[1] Entrar na *vibe* dos jovens implica compreender essa lógica tribal ao menos como uma hipótese de trabalho prospectiva.

O princípio da convivência afirma por si a necessidade de abordagens complexas. Toda convivência é complexa, comportando contradições, confrontos, disputas, comparações, concorrência, rupturas parciais ou definitivas, reencontros, aproximações sucessivas, construções coletivas, simbolismos, histórias, superações, apostas, descobertas compartilhadas, histórias pessoais, elementos que acabarão numa espécie de álbum da memória, o conjunto das experiências significativas que se cristalizarão num imaginário, aquele excedente de significação que, para uns, é o sal da vida e para outros, os que não participaram do processo, pode parecer simplesmente banal.

Há na convivência que a escola proporciona uma experiência ritual. Ao aprender sobre o mundo, vasto mundo, em

---

1. Ver MAFFESOLI, Michel. *O tempo das tribos: o declínio do individualismo nas sociedades de massas*. Rio de Janeiro: Forense, 1987.

contato com outros, que podem ser muito diferentes, ainda que geograficamente próximos, entra-se num processo de autoconhecimento visceral que transforma o núcleo das percepções trazidas de casa e abre portas para o imprevisível. Talvez por isso alguns temam tanto a escola: não se volta para casa exatamente como se saiu dela. Mesmo que as mudanças não sejam perceptíveis imediatamente, mutações estão em curso. Partículas em contato fundem-se, refundem-se, dissolvem-se, adquirem novas valências. Vale insistir neste ponto: a experiência escolar é tanto mais exitosa quanto mais proporciona a convivência, a vivência com o outro, a abertura para o plural. A escola falha quando o aluno se mantém isolado, protegido contra a influência dos diferentes.

Faz alguns anos, um jornalista bem-sucedido criticava a "redoma de vidro", termo que ainda se usa, que constituiria o mundo das universidades. Em defesa de uma preparação estritamente prática, voltada para as necessidades mais imediatas do mercado, atacava o que considerava perda de tempo na vida acadêmica: estudar poesia. Como sabia da minha paixão por Charles Baudelaire, perguntava: para que serve conhecer a poesia desse chato que ninguém mais lê? No entender dele, a universidade deveria ensinar a resolver problemas práticos como este: o que fazer ao desembarcar de um avião num país distante e não encontrar o contato fixado previamente? De certo modo, exigia das universidades que eliminassem toda imprevisibilidade. A concepção de ciência dominante entre muitos jornalistas é anterior a Karl Popper e seu princípio da refutabilidade ou da falseabilidade. Se para Popper científico é tudo o que possa ser recolocado em discussão, tudo que não seja irrefutável por definição, no senso comum científico continua sendo um selo para verdade definitiva, incontestável, indiscutível, inverificável, lacrada para sempre como assunto encerrado.[2]

A escola complexa é uma escola da dúvida racional. Thomas Kuhn, em *As estruturas das revoluções científicas*, examinou em profundidade a noção de paradigma. O desenvolvimento científico dá-se por rupturas. Ele é disruptivo. Paradigmas moldam a percepção e o olhar: "Mais do que qualquer outro aspecto da ciência, essa forma pedagógica determinou nossa imagem a respeito da natureza da ciência e do papel desempenhado pela descoberta e pela invenção no seu progresso".[3] A educação também segue paradigmas. Paulo Freire denunciou o paradigma da transmissão. A escola complexa, como a ciência, mesmo se isso contraria em algum grau a teoria de Thomas Kuhn, é feita de acumulação e ruptura. Certo nível de continuidade tende a preparar cortes na perspectiva. Vimos isso com exemplos dados da história da genética. O saber se faz de cooperação e competição, acúmulo e novidade, escaladas e saltos inacreditáveis: "Goeddel e Boyer não eram os únicos geneticistas que cogitavam em clonar o fator VIII. Assim como na clonagem da insulina, o esforço evoluíra para uma corrida, desta vez com competidores diferentes."[4] Relatos desse quilate se sucedem.

Em relação ao repertório que o aluno traz de casa, a escola, mesmo em tempos de internet, tende a ser disruptiva e nisso está o seu maior valor. Ela não produz disrupção somente, ou antes de tudo, por fornecer informações novas ou inacessíveis, que o aluno não poderia ter obtido por contra própria, mas por capacidade de interpretação. Uma pergunta clássica dos gene-

2. Ver POPPER, Karl. *Conjecturas e refutações*. Brasília: UNB, 1972.
3. KUHN, Thomas. *As estruturas das revoluções científicas*. São Paulo: Perspectiva, 2013, p. 159.
4. MUKHERJEE, 2016, p. 295.

ticistas faz muito sentido para a educação: "Como pode existir tanta uniformidade entre os seres humanos e, no entanto, também tanta diversidade?".[5] Eis o ponto crucial.

Como existe tanta uniformidade gerada pela mídia e pela globalização e ainda tanta diversidade cultural? Como se explica que os gaúchos continuem usando o *tu* depois de décadas de exposição ao *você* da televisão? A educação do século XXI precisa se dar numa escola da diversidade. Aspectos regionais não são traços de provincianismo, mas construções culturais coletivas que precisam ser respeitadas. O necessário combate à xenofobia não pode se confundir com o que o genial Nelson Rodrigues consagrou como "complexo de vira-lata".

---

5. MUKHERJEE, 2016, p. 309.

# 18

# Princípio hermenêutico: tudo exige interpretação

Já vimos que escola significa relação. A vida não deixa de ser uma obra de arte. Diante dela, ou dentro dela, é preciso atribuir-lhe sentidos. O ser humano existe na interpretação e para ela. Não são poucos os grandes nomes filosóficos da hermenêutica. Retenhamos um para as despesas deste item: Hans-Georg Gadamer.[1] Mais um gigante. Para ele, interpretar e compreender estão em relação umbilical. Para interpretar é necessário partir de algum nível de compreensão. O professor da escola da complexidade, portanto, da escola da diversidade, transdisciplinar por necessidade epistemológica, na qual a comunicação tem papel determinante, sempre terá uma função primordial: ajudar a interpretar o mundo, a vida, os conteúdos propostos, os problemas surgidos, as situações cotidianas, tudo.

Ser professor é interpretar. Se Guy Debord, na sua famosa tese 1, literal ou metaforicamente falava em representação, o que remete a delegação e encenação, dizendo que tudo o "que era vivido diretamente tornou-se representação", o verbo interpretar também carrega uma deliciosa polissemia: atribuir sentido ou atuar em cena. O professor, no palco da sala de aula, é autor, diretor, ponto e intérprete. Também é plateia e crítico. Tudo o que era

---

1. Ver GADAMER, Hans-Georg. *Verdade e método*. Petrópolis: Vozes, 2008.

vivido diretamente como informação tornou-se interpretação. Aquele que interpreta entra em relação com os sentidos atribuídos por outros a alguma coisa e, nesse encontro intersubjetivo, conhece um pouco o que lhe é externo e também a si. Interpretar é conhecer e compreender os outros e a si próprio. Conhecimento, compreensão e autoconhecimento. A escola tem por fundamento a compreensão. Ela é o lugar privilegiado da interpretação.

O que significa compreender? Aprender com (outro). O que quer dizer interpretar? Assumir outros papéis para entender dinâmicas específicas nos seus contextos. Aquele que interpreta parte, de certo modo, de uma especulação primordial: se eu fosse X, se eu vivesse em Y, como eu sentiria o que me é contado e como explicaria os acontecimentos? Se o papel do professor fica, em algum momento, menos informativo, deixando de ser o que tinha acesso a dados privilegiados, sua função interpretativa está mais relevante do que nunca. Diante da avalanche de informações, muitas vezes contraditórias, que sentido lhes dar?

Obviamente que a interpretação feita, ou provocada, pelo professor, assim como os sentidos atribuídos por ele, não se deposita nas mentes dos alunos como generosos PIX caídos do céu. O intérprete submete-se automaticamente à interpretação. O ato pedagógico de interpretar acontece no encontro de subjetividades diferentes. No país do futebol, imagens futebolísticas, mesmo triviais, podem ser úteis: o professor, como participante do jogo, dá o pontapé inicial, faz o passe ou o lançamento. Aquele que lança dá um lance (argumentativo, sugestivo). Como treinador do time, define o esquema tático ou o altera para gerar novos desenhos, novas jogadas e possibilidades de interação. Quando forma grupos, distribui os coletes na expectativa de que da formação escolhida resulte certo entrosamento ou colaboração.

Gadamer destaca que o conceito de interpretação foi ganhando relevância ao longo do tempo e da história da filosofia. Segundo ele, interpretar, em certo momento, "expressava a relação mediadora entre pessoas que falavam idiomas diferentes". Depois, "passou a exercer a função de deciframento de textos de difícil compreensão". Por fim, quando se compreendeu o lugar da linguagem na leitura do mundo, "a interpretação foi obrigada a ocupar também na filosofia uma posição-chave".[2] A interpretação, enfatiza o filósofo, ascende com Nietzsche e torna-se um poderoso dissolvente das mais diversas formas de positivismo. Assim como aconteceu com a filosofia, a educação acabou por descobrir a "posição-chave" da interpretação em sua atividade.

Em tempos de pletora de informações, jornalistas e professores podem se tranquilizar. Na medida do possível, há futuro para eles. A cada dia, na cena pedagógica, professor e aluno se deparam com as questões que Gadamer também se fez quando refletiu sobre a "ascensão triunfal" da interpretação: "Existirá uma realidade que permita buscar com segurança o conhecimento do universal, da lei, da regra, e que encontre aí sua realização? Não é a própria realidade o resultado de uma interpretação?". Como não se identificar com essas interrogações tão diretas? E também com esta afirmação: "A interpretação é o que oferece a mediação nunca acabada e pronta entre o homem e o mundo...".[3]

Para Gadamer, vale ressaltar, a interpretação "é a única imediatez verdadeira e o único dado real é o fato de compreendermos algo como algo".[4] Isso não leva, porém, a que se torne verdadeira a ideia de que tudo depende do meu ponto de vista.

---

2. GADAMER, 2008, v. 2, p. 391.
3. GADAMER, 2008, v. 2, p. 391.
4. GADAMER, 2008, v. 2, p. 391.

A diferença entre um vírus e uma bactéria não depende do meu ponto de vista. O fato de que as vacinas contra a covid-19 fazem muito mais bem do que mal, para falar assim, não depende da minha opinião. É demonstrável. Umberto Eco divertiu, certa noite, os convidados de um programa da televisão francesa garantindo que muitas são as interpretações possíveis, mas não todas. Não posso interpretar que os colonizadores da América foram profundamente generosos com os povos originários que encontraram ao desembarcar ou ao se instalar no que para eles era o "Novo Mundo". Eco também provocou risadas respondendo à clássica pergunta feita na hora por ele mesmo: por que há algo em lugar de nada? Porque sim.

Um anarquista epistemológico, na deliciosa definição de Paul Feyerabend, muda de opinião circunstancialmente para enfrentar argumentos apresentados de modo dogmático. Exerce o papel de advogado do diabo para testar até que ponto o argumento se sustenta ou é sustentado.[5] Argumentar é buscar consensos. Como já se sugeriu, convencimento e consequência. Para além da sofisticação filosófica de um Gadamer, de um Paul Ricoeur ou de um Emmanuel Lévinas, interpretar é antes de tudo propor leituras daquilo que se tem diante dos olhos ou em mente. Ler o mundo ativa biografias, repertórios, caminhadas, inteligências, memória e lembranças, estratégias, projeções, ambições, expectativas e demandas. A escola apresenta-se como um tabuleiro onde o jogo da interpretação pode e deve ser praticado como uma arte coletiva. Bom aluno não é mais aquele que memoriza tudo, mas possivelmente aquele que dá os mais ousados lances interpretativos.

Interpretar mobiliza energias cognitivas poderosas. Ao longo dos séculos de escravidão no Brasil, a mais odiosa das

---

5. FEYERABEND, 1977, p. 292.

instituições, escravistas argumentavam que o cativeiro era, antes de tudo, um bem para o escravizado, "resgatado" do paganismo e da "selva". O escritor e político José de Alencar, celebridade da época, em suas *Cartas ao imperador*, afirmava: "Toda a lei é justa, útil, moral, quando realiza um melhoramento na sociedade e apresenta uma nova situação, embora imperfeita da humanidade. Neste caso está a escravidão". Para ele, "o cativeiro foi o embrião da sociedade; embrião da família no direito civil; embrião do estado no direito público". Alencar acusava de querer o comunismo (sic) quem pensava o contrário.[6] Como interpretar as posições de Alencar? Compreensíveis para a sua época? Seus contemporâneos Joaquim Nabuco, José do Patrocínio e tantos outros pensavam de forma diferente e defendiam a abolição.

Contextualizar faz parte do jogo da interpretação. Evitar anacronismos também. Mas pode ser anacronismo denunciar o escravismo de um intelectual quando muitos com quem ele convivia mostravam dia a dia o absurdo que constituía o fato de que seres humanos pudessem ser propriedades de outros, podendo ser vendidos, separados de esposa e filhos, castigados fisicamente e explorados inclusive sexualmente? Interpretar implica fazer perguntas e lançar hipóteses, até mesmo estudar a história de um conceito para tentar entender a quem ele beneficia. Anacronismo não seria um álibi para isentar ou absolver o passado de todos os horrores praticados por nossos antepassados?

Pelo princípio hermenêutico tudo exige interpretação, mas nem todas as interpretações são justas, pertinentes, éticas, lógicas ou passíveis de recepção e de legitimação. Quem decide? Nós. Quem somos nós? Aqueles que, em determinado momento e lugar, participam do jogo interpretativo proposto. O profes-

---

6. ALENCAR, *apud* SILVA, 2017b, p. 57-58.

sor é aquele que se prepara constantemente para provocar uma nova partida de interpretação. Antes de apresentar sugestões ou de passar a bola, joga dados, salvo quando os dados foram lançados antes, em leituras prévias, filmes, vídeos, materiais disponibilizados em plataformas como o Moodle. Pode-se jogar da frente para trás ou de trás para a frente, sala de aula clássica ou sala de aula invertida, todos os métodos são bons quando a bola rola.

O professor intérprete não é quem cala nem quem fala sozinho. O prazer de ouvir a própria voz não pode afastá-lo da beleza das outras vozes. A interpretação é dialógica, conjuntiva, expansiva, compreensiva, pluralista, sinfônica. Conversa-se com o objeto e com os outros intérpretes. Dialoga-se consigo mesmo. Interpretar é questionar e se questionar. Se o professor cala, é em outro sentido, penetrando no espírito e na alma dos alunos pela força das suas interpretações. O mundo é um texto de difícil interpretação. Quanto mais subjetividade envolvida, mais complexa é a leitura. Eliminar a subjetividade jamais foi a melhor solução para tornar a interpretação mais eficaz.

Toda interpretação começa com a mais simples de todas as perguntas: por quê? A resposta, porém, não se dá sem uma sequência de perguntas derivadas: o quê? Como? Quando? Onde? Quem? Em que condições? São as perguntas básicas da notícia jornalística, que não deixam de ser questões evidentes da curiosidade diante de um acontecimento. Numa viagem à Rússia, com franceses, sentíamos saudades de comer arroz. Os nossos companheiros de viagem se surpreendiam. Para eles, comer arroz todos os dias, como gostaríamos, era estranho, ou até perigoso. Não podiam era ficar sem batatas. Uma menina francesa de sete ou oito anos, ouvindo nossas conversas, fez a pergunta adequada:

– Por que vocês não são como nós?

Depois de alguns segundos de hesitação de nossa parte, todos procurando a boa resposta, curta e compreensível, ela foi além:

– Por que nós não somos como vocês?

Era uma menina inteligente e risonha. Chamava-se Martine. Não a esqueci, como não esqueci de um menino italiano que conhecemos na Pipa, praia de renome internacional do Rio Grande do Norte. Estava lá com seus pais, um jovem casal alegre e expansivo, cujos nomes não guardei. Foi no ano de 2003. Lula havia tomado posse, pela primeira vez, como presidente do Brasil um mês antes. Falava-se muito na televisão no programa Fome Zero. Tommy, o menino, estava descobrindo o mundo. Tudo para ele parecia interessante. Nada o assustava. Nem os morcegos que se alimentavam de frutas e davam rasantes na piscina nos finais de tarde. Em tudo Tommy queria tocar. Diante dessa curiosidade insaciável, os pais acabavam por entoar uma espécie de refrão:

– *Pericoloso*, Tommy. *Pericoloso*.

Passamos, entre nós, a chamar o lindo menino de *Pericoloso* Tommy. Um dia, fomos passear de barco numa localidade próxima chamada Georgino Avelino. No retorno, ao final da tarde, o mar ficou muito agitado e nosso condutor, que chamávamos de "capitão", se viu às voltas com uma tempestade. Nosso pequeno barco parecia prestes a ser virado por ondas violentas e incansáveis. Uma senhora alemã, que fazia o passeio conosco, rezava. O capitão dera-nos uma única recomendação: "Agarrem firme". Nunca um retorno pareceu demorar tanto tempo. Em determinado momento, depois de mais uma chicotada de onda, gritei:

– *Pericoloso*, Tommy.

Passando tantos anos, quando vemos um menino "fazendo artes", como se dizia na minha infância, acabamos por exclamar, para espanto de quem estiver conosco, "*pericoloso, Tommy*". Onde andará o Tommy? O que terá se tornado? O que faz? Ainda quer saber de tudo? E Martine? Terá encontrado resposta para as suas perguntas tão espontâneas e pertinentes? Martine e Tommy encarnam para mim essa vontade de compreensão que faz parte da relação humana com o mundo. Ainda hoje me pergunto que resposta teria dado a ela se tivesse levado a sério a sua pergunta e se o garçom não nos interrompesse para servir mais vodca.

O imaginário é um encantamento. Caímos em depressão quando já não conseguimos nos encantar ou reencantar. Martine e Tommy eram puro encantamento, essa vontade instintiva de interpretar, de atribuir sentido, de compreender, de explicar, de dar nome e de contextualizar. Num final de tarde em que os morcegos estavam particularmente sedentos, Tommy voltou-se para os pais e perguntou candidamente:

– Por que temos medo deles?

Por que eu me lembro disso e não de outras coisas que me pareceram tão importantes naquela época? Como a minha memória escolhe o que decide guardar? É tão fácil aceitar que algo negativo, um trauma, nunca seja esquecido, assim como algo muito bom. Mas e essas pequenas coisas que flutuam em nossa memória como bolhas de sabão? Por que não esqueço de uma gatinha preta, de peito e patas brancas, que apelidamos de Fome Zero? Ela pulava a janela e se deitava sobre a minha barriga para dormitar enquanto eu lia espichado num sofá.

O que isso tem a ver com o princípio hermenêutico pelo qual tudo exige interpretação? Talvez tudo esteja interligado e Martine, Tommy e Fome Zero sejam sinais da minha própria vontade de interpretação. De autointerpretação. Em *Aniquilar*, o narrador de Michel Houellebecq faz uma observação interessante sobre generalizações: "Depois generalizou, esse é um pouco o pecado original dos homens, eles adoram generalizar". Imediatamente ele relativizou: "É também, em certo sentido, sua grandeza, digamos, porque onde estaríamos sem generalizações, sem teorias de qualquer tipo?".[7] Sim, interpretar tem a ver com hipóteses, probabilidades e generalizações.

Um amigo cientista nunca se cansava de responder aos que o aborreciam dizendo:

– Ah, não generaliza!

– Só com pertinência – respondia.

Interpretar é fazer generalizações pertinentes.

---

7. HOUELLEBECQ, 2022, p. 458.

# 19

# Princípio compreensivo: conhecimento com empatia

Num mundo complexo e plural, o conhecimento só ganha o seu sentido maior se for capaz de produzir empatia. Colocar-se no lugar do outro não obriga, porém, a sempre desculpá-lo. Empatia não é "passar pano" para quem pratica o insuportável. Cada época e sociedade definem seus parâmetros. Não vamos nos colocar no lugar de um nazista para compreender e justificar suas ações abomináveis. É possível que alguém observe: não se trata disso, sem extremismos. A hipótese *ad hoc*, na linha de pensamento de Feyerabend, pode ser útil para pensar os limites de uma proposta. Também a empatia tem a sua linha de corte.

O problema é que durante muito tempo, certamente tempo demais, fomos preparados para o julgamento sumário, imediato, categórico, como um animal que se defende instintivamente, acionando seus mecanismos de proteção, contra supostas ameaças, como se valesse um princípio dos filmes de faroeste dos anos 1960: me defendo primeiro, pergunto o nome depois. O edifício intelectual estava estruturado em termos de separação, distanciamento, abstração, explicação e impessoalidade. Em certos campos, esse é o procedimento inevitável, ainda que a própria escolha de um objeto de pesquisa e o investimento pessoal a ser feito tenham sempre a ver com subjetividade, indo da ambição, desejo de reconhecimento ou de fama, até a ideia de missão científica, um compromisso com a verdade, com a humanidade etc. Quando cientistas ainda buscavam tecnologias e recursos para o sequenciamento total do genoma humano, James Watson tinha muita pressa para que isso fosse feito logo para tentar entender a razão profunda da terrível doença de seu filho Rufus, de quinze anos, a esquizofrenia. Watson acreditava que essa doença "tinha base genética". O cientista e o pai não se separavam. Se alguns cientistas, dado o tamanho e a complexidade da empreitada, queriam começar pelo genoma de um fungo, de um verme ou de uma mosca, o pai atormentado Watson queria ir direto ao ponto: o genoma humano.[1] Nos espaços da educação, então, a empatia deve ser um imperativo categórico. Ela precisa ser ensinada, praticada, vivida intensamente.

Aluno dos então chamados primeiro e segundos graus em cidade da fronteira do Rio Grande do Sul com o Uruguai, não esqueço o estranhamento que nos causava a maneira de falar de alguns colegas. Um deles dizia "pregunta" e "linterna". Ríamos dele. Aos poucos, foi se retrancando, já não saía da sala aula no intervalo, o recreio. Isolava-se em busca de paz. Vez ou outra, um professor intervinha para que não o incomodássemos tanto com apelidos cruéis e óbvios: *Linterna* e *Pregunta*. Então chegou um colega novo, com o ano escolar em andamento. Era forte, mais alto do que a maioria, bom de bola e estouvado. Também morava na linha divisória entre as duas cidades. A sua língua também era o portunhol. Quando riram dele por dizer *pregunta*, rebateu: "Para de ser burro, *boludo*, isso não é erro, é espanhol".

Vivíamos na diversidade cultural, religiosa e linguística. Não estávamos, contudo, preparados para ela. Nem sequer atentos, salvo negativamente, como produto das brincadeiras e rejeições. Colegas de famílias praticantes de religiões de matriz africana procuravam não falar das suas crenças. Meninos e

---

1. Ver MUKHERJEE, 2016, p. 359.

meninas de origem libanesa eram chamados de turcos. Alunos recém-chegados da zona rural, a campanha gaúcha, sofriam por causa do jeito mais abrupto de falar ou pelas expressões que se afiguravam mais rudes. Em algum momento, havia entendimento. Amizades improváveis aconteciam. Aproximações precárias nem sempre frutificavam. Um sistema de exclusão funcionava nem tão invisivelmente quanto se poderia crer. Se havia uma vontade de entendimento, expressa inclusive nos discursos das direções, faltava uma política de empatia, uma pedagogia da compreensão, um imaginário escolar pronto para absorver as diferenças que escorriam no cotidiano, provocando infiltrações, rachaduras, lâminas de água e de lágrimas.

Quando cheguei em Porto Alegre, aos dezessete anos de idade, para fazer vestibular e faculdade, descobri rapidamente o quanto eu pertencia a outro lugar, outra cultura, outro imaginário. Fui à vizinha e pedi:

– Poderia me emprestar uma *plancha*?

Espantada, ela, por fim, brincou:

– Aqui ninguém surfa.

O surf também me era bastante estranho. Não entendi a resposta. Depois de alguns minutos de estranhamento, acabei por dizer:

– Quero passar minha roupa.

Era de um ferro de passar que eu precisava.

Ser negro, gordo, ter nariz grande ou usar óculos não tornavam fácil a vida de alguém. O apelido menos violento era "Quatro olhos". Melhor, "quatro *olho*", sem o plural. Ninguém se atrevia a sugerir que pudesse se interessar por colegas do mesmo sexo. A palavra gay não circulava. Não raro, ouvia-se de alguém mais experiente: seja forte, enfrenta, não te intimida, briga, luta. O mundo, aquele mundo, tão longe e tão perto, era dos mais fortes. O leitor talvez esteja perguntando se foi uma época infeliz para mim: não. No geral, fui feliz ou não me questionei. Olhando retrospectivamente é que comecei a perceber o quanto se estava imerso em um duro campo de lutas, com dominantes e dominados, protetores e protegidos, fortes e fracos. Um dos piores anátemas era ser considerado "burro" em público.

Como esquecer daquela menina que teve um câncer e com o tratamento ficou sem cabelos? Era tão jovem e tão triste, tão tímida e tão assustada. Usava uma touca preta para esconder a cabeça calva, que lhe cobria também o pescoço, deixando só o rosto de fora. Era chamada pela turma, em coro, de astronauta. Não culpo nossos professores por deixar acontecer. Também eles eram produtos daquele imaginário. Porém, por vezes, eu pergunto: sentiam o sofrimento de alguns alunos?

A empatia, segundo Edgar Morin, é uma relação, um vaivém, um processo pelo qual alguém se vê no outro sem deixar de ser quem é:

> É nesse ciclo de projeção–identificação que um *ego alter* (outrem) torna-se um alter ego (outro si mesmo) do qual se compreendem espontaneamente sentimentos, desejos, temores. O ato de compreensão de outrem comporta um "eu sou tu" (Novalis) e nesse sentido constitui um conhecimento fraterno ou sororal que inclui o outrem numa esfera de simpatia ou mais ainda num círculo comunitário que pode não durar mais do que o tempo da compreensão. Assim, compreendemos o que sente o outro por projeção do que sentiríamos nós mesmos em semelhante circunstância e por retorno de identificação sobre si do sentimento projetado no outro; aquele que sabe o que é a humilhação compreende instantaneamente o sofrimento, mesmo es-

condido pela vergonha ou pelo pudor, do insultado. Amor, ódio, cólera são assim compreendidos e essa compreensão, com frequência, aparece como explicação. A compreensão não é confusão; ela comporta a distinção entre o eu e o tu em conjunção: é um "eu me torno tu permanecendo eu".[2]

Essa longa citação justifica-se na medida em que resume intelectualmente os exemplos citados antes, situações vividas que ficaram em minha memória como vestígios de uma inundação. Como não sentir ainda agora, cinquenta anos passados, o sofrimento daquela menina, sua humilhação, sua vergonha, seu pudor, sua melancolia estampada nos olhos? Como não ser engolfado por uma confusão de amor e de ódio, de vergonha por não ter sabido minimamente perceber o quanto havia algo de atroz ali? Uma escola da complexidade e da diversidade só pode ser uma escola da empatia, da projeção e da identificação, de relações de fraternidade, de sororidade, de simpatia e de compreensão. O ensinamento primordial, o conteúdo mais expressivo e incontornável, aparece fulgurante: ensinar/aprender a empatia como estado de projeção/identificação pelo qual um se vê no outro podendo compreender o abismo da separação e a alegria da proximidade.

Em *O jovem*, a escritora francesa Annie Ernaux, prêmio Nobel da literatura de 2022, fecha assim a narrativa: "Era outono, o último do século XX. Percebi que estava feliz por poder entrar sozinha e livre no terceiro milênio."[3] Uma escola da empatia pode e deve ajudar cada um a entrar livre no tempo da sua existência, fazendo de cada estação do ano a melhor possível para a compreensão de si e do outro, de si em si e de si no outro, num vaivém de projeções e de identificações.

---

2. MORIN, 1999, p. 157.
3. ERNAUX, Annie. *O jovem*. São Paulo: Fósforo, 2022, p. 37.

# 20
# Princípio construtivo: fazer e pensar o fazer

Se o conhecimento avança por saltos tecnológicos ou por inovações conceituais[1], o ser humano continua sendo diferente das máquinas. Computadores são binários; humanos são cognitivamente plurais. Fazer essa singela observação pode provocar alguma reação irônica do tipo: "Bom saber!" ou "Ufa!". Máquinas não ironizam. Não por conta própria. Estamos numa nova era e isso não é mero cacoete de jornalista. Como se sabe, jornalistas gostam de produzir sensações. De certo modo, toda formatação jornalística tem algo de sensacionalista. Depois do trágico 11 de setembro de 2001, jornais anunciaram que o mundo nunca mais seria o mesmo. Passados tantos anos, o mundo parece o que sempre foi. Certamente não é exatamente o mesmo de antes. Porém, não se mostra tão diferente assim no que diz respeito ao que se anunciava como morto. O mundo é totalmente outro, em relação ao que foi algum dia, em tudo o que envolve tecnologia. Falar ao celular vendo o interlocutor do outro lado da conexão já foi um dia ficção científica. O celular também. Esse novo mundo tecnológico afeta a vida, o cotidiano e a escola.

Há quem se pergunte: o que as máquinas vão fazer de nós? Muitos ainda temem que a criatura domine o criador. É clássico. Não se trata de devorar o criador, reverso da antropofagia que po-

---
1. Ver MUKHERJEE, 2016, p. 349.

deria servir de revanche contra o antropoceno, mas de escravizá--lo. Escravizadores ao longo da sua história de muitas infâmias, os humanos, especialmente os dominantes, temem uma tal "lei do retorno". Se para Jean Baudrillard a melancolia do computador era não poder blefar no jogo como um ser humano[2], por que não imaginar que a separação entre o homem e a máquina se dá fundamentalmente na educação? A máquina não tem interesses próprios que possam mobilizá-la para a aprendizagem ou para a rebelião. Tampouco para a tolerância e a diversidade. Ela é indiferente por natureza. Máquinas não fazem manifestações de protesto, não se revoltam nem tentam golpes de Estado. Obedecem.

Paulo Freire cravou uma inovação conceitual revolucionária, mas, como já se disse, não necessariamente no sentido de revolução que ele defendia ou com a qual ele sonhava. Indicou a necessidade de um salto da transmissão para a reflexão e transformação. Edgar Morin tem buscado um novo salto: da simplificação para a complexidade. O próprio Freire simplificou um pouco para caracterizar o horror representado pela "educação bancária". A exemplo das primeiras teorias da comunicação, que davam todo o poder ao emissor, fazendo do receptor um ser passivo, na base do emissor forte, receptor fraco, Paulo Freire também reduziu bastante a capacidade de "leitura" do aluno receptor nessa escola da passividade e da abstração. A mensagem, nas teorias da manipulação, passava exatamente como o emissor desejava. Era a cadeia comunicacional perfeita: emissor emite, canal funciona, código é compreendido, mensagem, recebida. Ordem é executada. Na linha do pensamento radical, que vai à raiz, de Jean Baudrillard, patafísico, como ele mesmo dizia, não seria o desinteresse uma forma de reação adversa à proposta do emissor? Uma forma de não se entregar?

---

2. Ver BAUDRILLARD, 1999.

Paulo Freire mostrou a pertinência do seu método ao provocar o interesse que estava ausente, produzindo resultado comprobatórios. Não simplifiquemos Paulo Freire. O princípio construtivo de uma escola da era das máquinas, quando a inteligência artificial avança sobre fazeres historicamente reservados aos humanos, enfatiza o fazer. Como se dá esse fazer num mundo informatizado e conectado? A primeira percepção mais concreta que tive dessa nova realidade foi quando fiz uma viagem internacional sem falar com ninguém. Fiz check-in na internet, despachei bagagem sem precisar de atendente, mostrei o bilhete aéreo ao sensor eletrônico, cruzei o raio X sem qualquer interação, entrei no avião, apertei o cinto, dormi, acordei, desci, retomei a bagagem, voltei a despachá-la por conta própria, tomei outro avião, li, desci, retomei a bagagem, entrei num vagão sem condutor que me levou ao metrô. Desci na estação prevista, abri a porta do hotel com uma senha que havia recebido por e-mail, peguei um sanduíche e um refrigerante numa máquina, retirei a chave do quarto de um escaninho numerado acessível com outra senha, instalei-me e dormi o resto da noite. Na manhã seguinte, entrei num supermercado. Havia 23 caixas, sendo que 22 eram self-service. A última atendia os recalcitrantes.

O leitor dirá que trapaceei. Não falei no controle de passaportes por não achar necessário. O mesmo valeria para o raio X. Dormi no avião porque quis ou por estar cansado. Havia pessoas ali. Devem ter feito perguntas que não ouvi e deixei sem respostas. Pode ser. Todo o resto permanece. Simplifiquei um pouco para destacar a dimensão radical da mudança tecnológica em curso. Automação de ponta a ponta. Contei essa história a Bruno Latour, dias depois, durante uma entrevista que fiz com ele, em Paris, para o *Caderno de Sábado*, suplemento cultural do jornal *Correio do Povo*. Ele me tranquilizou. Empregos tediosos desaparecem. Surgem outros. Fiquei dubitativo. As questões que me assaltaram a partir dali, contudo, foram menos apocalípticas: o que fazemos? Por que fazemos? O que vamos fazer na medida em que a inteligência artificial nos substitua numa infinidade de tarefas que nos ocupam ou, de qualquer modo, nos dão sentido? Esses temas e exemplos me obcecam. Cito-os com muita frequência.

O princípio construtivo de uma escola da complexidade sugere que: a) aprendemos mais rapidamente aquilo que ajudamos a construir; b) precisamos fazer, aprender a fazer e pensar sobre esse fazer. A construção do pensamento, abstrato, conceitual, não deixa de ter relação com a produção de um artefato. Fazer é compreender a parte e o todo, a parte no todo, a lógica que separa e a dinâmica que une. Fazer exige um plano, um caminho e uma caminhada. Fazer um filme passa por uma série de etapas de preparação, de realização e de pós-produção. O mesmo pode ser dito de um livro. Entre a ideia e o autógrafo para o amigo leitor escorre um bom de tempo de construção. Há quem curta mais o processo, o fazer, do que o resultado, a recepção da obra.

Na época dos coaches e dos tutoriais, dois sistemas contraditórios se enfrentam e se complementam. Um diz que ajuda a fazer, quase pegando pela mão, acentuando, porém, que é sem dirigismo nem tutela; o outro sugere: faça você mesmo. Quando um não funciona, o outro entra em campo. Há "professor" para tudo, especialmente para coisas que outrora pareciam reservadas para o autoaprendizado: caminhar, correr, vestir-se, dançar. Vestir-se e dançar também? Depende do tipo de dança. Quanto ao vestir, podemos fazer como bem entender, mas não raro entendemos que o mais adequado é pedir aconselhamento. Por um lado, estamos mais ousados, dispostos a aprender tudo o que possa nos interessar, a vencer medos e preconceitos. Por outro lado, apesar dos discursos sobre autonomia, parecemos mais dependentes de instrutores, com medo de errar. Não são raros os alertas sobre os perigos de fazer por contra própria, de caminhar sem o calçado adequado etc.

No ambiente escolar, fazer põe a engrenagem em movimento. Ia dizer: a máquina. Humano e não humano articulados numa produção conjunta. Fazer não basta. É fundamental a reflexão sobre o fazer: por que fazer isto e não aquilo? Por que fazer deste jeito e não de outro? Por que fazemos assim enquanto outros fazem assado? Por que comemos arroz enquanto outros comem batatas? Fazer sem pensar o fazer é treinamento, adestramento, condicionamento. Pensar sem fazer é abstração. Jornalistas abominam gerúndios. Não se começa frase ou parágrafo com gerúndio. Em Portugal diz-se "estou a caminhar". No Brasil, "estou caminhando". Não estou falando de algo assustador, o gerundismo de telemarketing: "Vou estar transferindo a sua ligação" ou "Vou estar registrando a sua reclamação". Três verbos. Um bastaria: registrarei a sua reclamação. Uma aluna de primeiro semestre de faculdade, ao saber da rejeição jornalística ao gerúndio, concordou que o gerúndio de telemarketing é, de fato, horroroso, excessivo, contrário ao bom princípio de dizer mais com menos ou de não ser verboso. Depois de fazer a sua crítica ao gerundismo dominante, disparou uma ressalva:

– Por que "estou a caminhar" seria melhor do que "estou caminhando"?

Silêncio na sala. Em seguida, risos. Na sequência, uma deliciosa discussão. Exemplos foram trazidos. Houve quem defendesse a tradição jornalística com ilustrações de família, pai, mãe ou avós com amplas folhas de serviços prestados ao jornalismo. Debateu-se o fazer com a alegria das discussões muitas vezes reservadas às mesas de bar. Por fim, um aluno de poucas palavras e muitos sinais de atenção disse:

– Tempo perdido. As línguas mudam o tempo inteiro. O brasileiro não vai desistir do gerúndio nem que seja declarado inconstitucional.

A menina que havia começado a discussão teve um sobressalto:

– Certo, tudo bem, concordo, mas o "vamos estar transferindo a sua ligação" não pode continuar, né? A esse devemos dizer: não passará.

Ouviu-se um coro:

– Não passarão.

Como eram muito jovens, ficou impossível refrear a curiosidade: de onde conheciam essa expressão? Ficou para a aula seguinte.

O chamado mercado, palavra simplificadora usada para designar a sociedade quando a sua preocupação maior é de natureza utilitária ou econômica, quer que a escola ensine a fazer, que prepare o jovem para assumir um emprego de forma eficaz. Outra parte dessa mesma sociedade, por diversas razões, quer que a escola ensine a pensar, a ser crítico, a ter valores, a ser cidadão. Numa revista, em São Paulo, o diretor dizia: "Contrato profissionais saídos da faculdade X para fazer e os da Y para pensar".

No universo das simplificações, uns defendem que a escola brasileira deve se concentrar no ensino de matemática e de português. Matérias como sociologia e filosofia perdem espaço e/ou são jogadas para o terreno viscoso das disciplinas opcionais. O utilitarismo só aceita o que é demonstrativo, operacional, *hardware*. As humanidades são argumentativas, geradoras, como já se sustentou, de convencimentos e consequências. A escola da complexidade não pode separar o fazer do pensar esse fazer. Essas duas faces são indissociáveis. Separar uma parte da outra parte traduz-se em atentado contra a integridade do todo, crime de esquartejamento metodológico ou epistemológico.

Qual o maior avanço educacional da atualidade? Aquele que deriva do excepcional desenvolvimento tecnológico da nossa época? Certamente. E só estamos no começo dessa metamorfose. A ciência, que se materializa em tecnologia, sonha em vencer a morte ou em prolongar consideravelmente a vida. O futuro pertence aos cientistas? Em parte, sim. Há, porém, algo maior, por enquanto, na seara escolar: a compreensão de que não há, em termos de educação, complexidade sem transdisciplinaridade e sem diversidade. O salto conceitual é, portanto, maior do que o tecnológico. Que nome dar a essa mutação extraordinariamente positiva? Pedagogia da inclusão? Por que não?

Na escola da complexidade e da diversidade, a transdisciplinaridade é o fio condutor para o exercício do fazer e para a prática de pensar o fazer. Pensa melhor quem faz. Faz melhor quem pensa. Faz e pensa melhor quem sabe o que faz e por que faz. Se caminhamos para sociedades do pós-trabalho ou da ampliação do tempo livre, com muitas tarefas e profissões sendo destinadas à inteligência artificial, a educação vê-se diante de uma formidável provocação. Por um lado, o paradigma do emprego, ou da empregabilidade, sofre um abalo. Disso resulta a ênfase na capacidade de cada um criar seu trabalho, o que vem sendo chamado de empreendedorismo. Buscar um emprego numa estrutura já existente ou criar seu trabalho são perspectivas igualmente legítimas. Como sempre, há o risco de um choque entre o discurso apocalíptico – ninguém mais encontrará emprego – e a narrativa deslumbrada – só o empreendedorismo salva e liberta. Evidentemente que o cenário atual valoriza a capacidade de iniciativa. No futebol, cita-se, de tradição oral, o filósofo Neném Prancha, e suas fórmulas contundentes: "Quem pede recebe, quem se desloca tem a preferência". Como diz a sabedoria popular, quem fica parado é poste.

Por outro lado, agitar-se demais pode não ser tão produtivo assim. A sabedoria acumulada também diz que é preciso desacelerar, viver a vida, curtir os momentos com a família, trabalhar menos, aproveitar este aqui e agora tão fugaz. Países europeus experimentam a semana de trabalho de quatro dias. A educação enfrenta este desafio: formar para quê? Para o trabalho? Para a vida? Para uma nova realidade tecnológica que dispensará os seres humanos de muitas atividades? Se houve um tempo em que a educação humanista estava mais voltada para valores, ética, cultura geral, filosofia, história, artes, e outro tempo em que as exigências práticas arrastaram as escolas para formações mais utilitárias, muito provavelmente se esteja entrando em novo paradigma híbrido, uma mescla de pragmatismo e de cultura geral. Aprender a fazer algo, a pensar esse fazer e também aprender a ser. Mas ser o quê? Humano sem antropocentrismo, ator social sem narcisismo patológico (gostar de si passa pelo narcisismo sem ser doentio), parte de um todo em constante mutação. Aprender a sabedoria do bem-viver.

Nos termos de Edgar Morin, o ser humano não pode ser reduzido à sua dimensão *faber*. É importante que ele possa expressar seu lado *ludens*. Máquinas são *faber* por definição. Mesmo quando jogam e ganham executam uma programação. Nelas, de certo modo, tudo é trabalho. Ainda não tomamos conhecimento de uma máquina que tenha chorado ao perder ou que sofra por amor. Nem que sinta saudade da sua infância. Há um aspecto infantil que povoa o imaginário humano ao longo de toda sua existência. Brincamos sempre. Jogamos muito. Mesmo a disputa pelo poder pode ser um jogo não admitido. O equilíbrio entre todas essas facetas tende a impedir o despertar da face *demens* sempre à espreita. É justamente de equilíbrio que se trata quando se reflete sobre as mutações em curso. Equilíbrio entre o ser e o fazer, entre o ter e o parecer, o querer e o poder, o trabalho e o lazer, a produtividade e o ócio, a expressão estética e o útil, a poesia e a prosa, o ensinar e o aprender, o dar e o receber, o abraçar e o ser abraçado, o abrir-se e o recolher-se, o correr atrás dos desejos e o não se deixar dominar por desejos obsessivos e impossíveis de ser satisfeitos.

Que jogo vamos jogar na educação a partir de agora? Por que agora? Tomemos esse agora como um marco temporal impreciso, próximo desta era dos computadores, dos aplicativos, da internet, dos dispositivos eletrônicos, da revolução cognitiva e tecnológica da qual somos sujeitos e objetos, aprendizes e professores, apocalípticos e integrados, para usar a impagável distinção feita por Umberto Eco.[3]

O princípio construtivo vê mesmo na abstração uma atividade, um fazer filosófico essencial por meio do qual se entra em contato com grande parte do mundo e dos fenômenos naturais e sociais. Pensar é abstrair. Recorrer a um conjunto complexo de operações lógicas, racionais e emocionais para tentar captar ou capturar a enormidade do percebido. Pensar a abstração faz parte dos grandes ensinamentos escolares.

---

3. Ver ECO, Umberto. *Apocalípticos e integrados*. São Paulo: Perspectiva, 1979.

# 21
# Princípio expressivo: forma e conteúdo

A educação é uma atividade da relação. Em *Introdução à filosofia da educação*, bonito e bem escrito livro sobre filosofia, educação, filosofia da educação e o pensamento de grandes filósofos sobre pedagogia, Marcos Sidnei Pagotto-Euzebio e Rogério Almeida abrem o primeiro capítulo com uma citação de Ludwig Wittgenstein: "A filosofia não é uma teoria, mas uma atividade".[1] Judiciosamente os autores logo relativizam o texto da epígrafe destacando que "toda experiência humana" poderia caber nessa definição. Aqui, a postulação, já sugerida ou afirmada, é que a educação, como atividade que é, exige um complemento. Esse complemento é a relação. Dito de outra maneira, possivelmente mais nítida, a educação é sempre uma prática relacional.

Educação não é o que o professor ensina. Nem o que o aluno aprende. Educação é esse encontro em que, de algum modo, um aprende com o outro, como ensinava Paulo Freire, mas a responsabilidade de ensinar continua sendo do professor. Quando o aluno suspeita – não é necessário mais do que isso – que o professor nada tem para lhe ensinar que ele já não saiba, acaba-se o respeito e a boa relação. Será que o aluno continua

---

1. WITTGENSTEIN, Ludwig. *Apud* PAGOTTO-EUZEBIO, Marcos Sidnei; ALMEIDA, Rogério. *Introdução à filosofia da educação*. São Paulo: Edusp, 2022, p. 19.

preso ao paradigma da transmissão? Trará da expectativa dos pais, educados na tradição narrativa, essa demanda de conteúdos ou de ensinamentos que lhe permitam desvendar, explicar, compreender ou fazer alguma coisa? Como hipótese, tudo isso vale. Uma hipótese à contracorrente se eleva: o aluno intuitivamente compreende que essa relação só faz sentido se tiver alguma assimetria. Se ele já soubesse fazer a delicada cirurgia, não estaria ali. Se já soubesse interpretar as constituições de uma nação, não se matricularia em Direito Constitucional. A lógica do aluno exige que o professor tenha saberes que ele, estudante, ainda não tem. Quando se diz que todos aprendem e ensinam, obviamente não se está sugerindo que todos detêm o mesmo saber ou sabem sobre os mesmos conteúdos. Cada um ensina sobre o que sabe. Muitas vezes, sobre o que é. Cada um aprende o que não sabe.

Não saber é um estado permanente do ser humano. Há sempre algo que não sabemos. Aprendemos todos os dias. Em certo sentido, o professor ensina de modo direto e aprende com o aluno indiretamente, por ricochete, incidentalmente, mas não sem importância ou relevância. Ao contrário. Ao aprender com o aluno e sobre o aluno, o professor se transforma. Mas também o aluno aprende indiretamente com o professor sobre aquilo que, mesmo não pretendendo ensinar ou não estando na sua pauta, no seu programa, o professor ensina por ser quem é ou como resultado da convivência com o aluno. Em seu *Tratado lógico-filosófico,* na continuação da citação retomada aqui, Wittgenstein sustenta que "um trabalho filosófico consiste essencialmente em elucidações".[2] Um passo atrás: a tradução portuguesa do livro, a que tenho, usa o termo doutrina em lugar de teoria.

---

2. WITTGENSTEIN, Ludwig. *Tratado lógico-filosófico – investigações filosóficas.* Lisboa: Fundação Calouste Gulbenkian, 1987, p. 62.

Para Morin, a doutrina é fechada; a teoria, aberta. A teoria busca a possibilidade de refutação para testar sua validade; a doutrina foge dos confrontos por dogmatismo.[3]

A filosofia, portanto, é uma atividade elucidativa. Ou que se pretende como tal. A educação é uma atividade relacional instrutiva. Claro que a educação também elucida. A filosofia pode ser vista como uma atividade educativa de elucidação. A educação, contudo, transmite e problematiza o que a filosofia e outras disciplinas produzem. É hora de perguntar: o que vem a ser o princípio expressivo? Simplesmente o reconhecimento de que a educação se pratica sobre alguma matéria. Durante muito tempo, o que hoje é chamado de disciplina era matéria. O próprio termo disciplina, por remeter à obediência, vem perdendo terreno para curso. Qual é a matéria sobre a qual atua a atividade relacional e elucidativa da educação? Duas respostas: 1) a matéria da educação são os conteúdos sobre os quais ela trabalha; 2) a matéria da educação é também o processo de problematização que ela constitui. Pagotto-Euzebio e Almeida definem o trajeto educativo como "a tensão entre o indivíduo singular, mas ainda indeterminado, e a comunidade da linguagem, externa e específica em sua contingência". Para eles, "educação é o outro nome que damos à tensão nunca resolvida entre o ser humano e o mundo em que habita".[4] Problematizemos, pois.

E se a questão narrativa tiver a ver também com a qualidade da narração? Já vimos que a educação atua sobre um conteúdo, qualquer que seja, muitas vezes conteúdos sem interesse para o aluno por serem estranhos à sua realidade e aos seus problemas. Se a educação atua sobre conteúdos, não podendo se

---

3. Ver MORIN, 2008, p. 161-168.
4. PAGOTTO-EUZEBIO, Marcos Sidnei; ALMEIDA, Rogério, 2022, p. 38.

desenvolver no vácuo, ela depende de formas de tratamento dos seus conteúdos. Em nenhum caso o aluno é a tela branca a ser preenchida pelo pintor nem a massa disforme a ser esculpida pelo artista. O aluno é o outro sujeito da relação. Também não cabe reduzir o aluno à condição de cliente a ser satisfeito em suas demandas previamente identificadas por pesquisa ou manifestadas em aula como desejos imperativos. Uma discussão em sala de professores ilustra bem este ponto que, outra vez, trata de oferta e demanda:

– Os alunos não gostam dos livros que indico – disse um professor.

– Deixa que eles escolham o que querem ler – sugeriu o colega.

– Pode ser, mas aí eles ficam onde já se encontram.

– Qual o problema?

– Não os desafio. Dou mais do mesmo. Ficam no mesmo cardápio.

– Fazer o quê? Eles só consomem o que querem.

– Não me conformo com isso.

Paulo Freire propunha atuar a partir de "temas geradores". Para ele, chegava-se ao "tema gerador" por meio de "uma reflexão crítica sobre as relações homem-mundo e homens-homens, implícitas na primeira".[5] Está valendo, por assim dizer. O ponto de partida, porém, pode ser variável: detecção ou provocação, percepção ou desafio, compreensão ou convocação. Para Freire, a narração, da qual o sujeito seria o professor, "conduz os educandos à memorização mecânica do conteúdo narrado". Sendo assim, "a educação se tornaria um ato de depositar, em que os educandos são os depositários e o educador o depositante".[6] Com o perdão

---

5. FREIRE, 2000, p. 56.
6. FREIRE, 2000, p. 37.

do grande mestre, mais uma vez, a ideia de um aluno passivo, que memoriza passivamente, subestima os indivíduos nas singularidades e capacidades cognitivas, além de não corresponder a uma atividade cerebral incontornável quando da recepção de informações. O ser humano, por isso mesmo, não é máquina. Por outro lado, mesmo concordando com a sua crítica a uma "educação bancária", ainda que o processo de ensino-aprendizagem não possa nem deva ser reduzido a uma operação financeira, o aluno espera, em geral, que algum capital seja debitado na sua conta, estando pronto a discutir perdas e ganhos. Se isso nunca acontece, ele cobra, critica, desinteressa-se ou simplesmente sai. A evasão está aí, infelizmente, para provar isso.

Voltamos à problematização apresentada: e se o problema não estiver em narrar, mas em como narrar e no que é narrado? Uma boa narrativa admite, ou exige, interrupções, perguntas, críticas, problematizações. Nos anos 1960, quando Paulo Freire escreveu o seu livro clássico sobre a pedagogia do oprimido, quase tudo estava em ebulição. Jean Baudrillard chamava essa época de orgia liberatória. Perguntava: "o que fazer depois da orgia?".[7] Faltava muita coisa para ser liberada. O que se contava em salas de aula brasileiras sobre dominação masculina? O que se falava sobre a escravidão? O que se dizia sobre o escravismo de José de Alencar? O que se narrava sobre o colonialismo do homem branco, europeu e heterossexual?

Crianças adoram ouvir histórias. Pedem aos pais que narrem tudo de novo a cada noite ou a cada dia. Vivem num mundo híbrido feito de realidade difusa e narrativas densas. Adultos passam boa parte do tempo de lazer de que dispõem vendo histórias filmadas para cinema, televisão ou, agora, streaming. Certos

---

7. BAUDRILLARD, Jean. *A transparência do mal – ensaio sobre os fenômenos extremos.* Campinas: Papirus, 2004, p. 5.

adultos, como eu, atravessam a existência lendo narrativas escritas por historiadores, sociólogos, filósofos, antropólogos, pedagogos, poetas e ficcionistas. Alguns, mais uma vez como eu, não perdem palestras de grandes intelectuais. No Brasil, o ciclo de palestras Fronteiras do Pensamento, criado por Fernando Schuler a pedido do empresário e intelectual Luís Fernando Cirne Lima, operação da qual tive a honra de fazer parte, ajudando a convidar conferencistas especialmente nos primeiros anos, entre os quais Edgar Morin, Michel Maffesoli, Gilles Lipovetsky, Luc Ferry e outros, mostra que há grande interesse em ouvir. Por que, mesmo?

Porque, dizem as pessoas, inclusive eu, aprende-se muito. Contar uma boa história exige um profundo conhecimento do que será narrado. É preciso que o narrador se mostre de tal modo familiarizado com o tema que pareça fazer parte dele. Como foi a vinda da família real para o Brasil ocorrida entre novembro de 1807 e janeiro de 1808? O contador dessa história precisa saber tudo sobre ela que lhe possa ser perguntado: quantos vieram? O que comiam? O que bebiam? Como passavam os dias? O que trouxeram? O mesmo vale para outras histórias igualmente fascinantes, ou mais, como a viagem que trouxe Pedro Álvares Cabral às costas deste lugar que os portugueses chamariam de Brasil? Por suposto que os historiadores e os professores de história, em geral, conhecem essas histórias e estão aptos a contá-las em detalhes.

Max Weber, no texto já citado aqui, sugeria que confundir ensino e pesquisa não era necessariamente uma boa ideia. Segundo ele, "dentre todas as tarefas pedagógicas, mais difícil é a que consiste em expor problemas científicos de maneira tal que um espírito não preparado, mas bem-dotado, possa compreendê-lo e formar uma opinião própria".[8] Alguém pode ser ótimo

---

8. WEBER, 2003, p. 16.

pesquisador e mau professor. O contrário também é verdadeiro. Quem não teve um professor que sabia tudo e comunicava mal? Quem não conheceu um grande comunicador com deficiência de conteúdo? A leitura de *O gene*, livro que venho citando fartamente aqui, me deixou deslumbrado com o poder narrativo do autor, o indiano Siddhartha Mukherjee. Ele narra aspectos extremamente complexos da história da genética como quem faz uma crônica sobre o cotidiano. Saber e saber narrar são coisas diferentes e podem não estar entre as competências de uma mesma pessoa. O Youtube está repleto de cursos sobre os mais variados assuntos. Alguns são bem contados. Outros, não. Aqueles que são bem contados são vistos por públicos gigantescos.

    O Youtube vai então substituir a sala de aula? Não creio. Tem colaborado com ela. O professor bom narrador é também aquele que faz da sua fala um mecanismo para a problematização. Quantas competências são exigidas de uma mesma pessoa? Muitas. Que tenha conhecimentos, que saiba narrá-los, que seja capaz de criar espaços de problematização, que fale e escute, que ajude a fazer e a pensar esse fazer, que pesquise, mantenha-se atualizado, que seja sedutor em suas narrativas, que seja convincente em suas argumentações. Muitas vezes a remuneração não parece para muitos à altura de tantas habilidades.

    Narrar pode ser um dom, mas também é uma técnica. Aprende-se a narrar. Uma faculdade de jornalismo, por exemplo, ensina a contar histórias de acordo com padrões validados na prática jornalística. Nada é definitivo. Quem está começando, claro, não faz a regra. Primeiro, aprende os fundamentos do jogo. Depois, no exercício da profissão, na atividade, colabora, se puder, com inovações. O texto jornalístico de 2023 não é o mesmo de 1923. Alguns, mais rápidos, querem mudar tudo de cara. Outros, ponderados demais, nunca ousam sugerir qualquer alteração. O sistema faz a média. As oficinas literárias trabalham com narrativas. Nelas, aprende-se a fazer fazendo, pensa-se sobre esse fazer, arrisca-se, avalia-se. Há quem considere que padronizam o fazer. Há quem diga o oposto. É bom? Bom é o que funciona, aquilo de que alguém gosta, aplaude, recomenda.

Aprender a narrar, de acordo com a expectativa de uma época, pode ser o maior desafio a ser enfrentado. Será que somos suficientemente preparados para contar uma história? Um velho e lendário professor, amado pelos seus alunos ao longo dos anos, gostava de contar, entre as suas tantas histórias saborosas, que, convidado para dar aula, apresentou-se ao diretor da faculdade na data indicada. Coube-lhe ministrar uma disciplina que cobria uma manhã inteira. Conhecedor da profissão, com décadas de prática, bom no que fazia, foi para a aula sem qualquer preocupação. Uma hora depois, deu uma desculpa aos alunos e foi apresentar ao diretor a sua demissão.

– O que houve?

– Esgotei em uma hora todo o meu conhecimento do assunto.

O diretor, então, falou-lhe de didática, preparação de aula, estratégias pedagógicas, metodologia e outras ferramentas de uma atividade que o amigo, talentoso e bem-sucedido, ainda não praticara: o magistério. Claro que se tratava de uma piada de um dos melhores professores que conheci. Ele sabia como falar dos principais problemas encontrados por quem entra no jogo sem aquecimento. Saber fazer e saber ensinar são coisas que se aprendem.

Outro professor encantava seus ouvintes lembrando com muita graça que, ao começar na profissão, descobrira a enorme diferença existente entre palestra e aula.

– Qual é? – perguntavam avidamente os seus interlocutores.

– É muito simples e perturbador no início: aula é um conjunto interminável de palestras em que não se pode contar as mesmas piadas, o público é sempre o mesmo e quem avalia é o palestrante.

Talvez por isso algumas estrelas do mercado de conferências fixem em contrato a proibição de gravar as suas performances.

Na planície, só há um caminho: ter repertório. Perverso, contudo, o sistema nem sempre prepara para contar bem uma história, que depende, de resto, de cada público e domínio, e depois cobra do narrador, exposto aos jovens leões, não ter sabido ser encantador. É preciso ser moderno, parecer jovem, não se afastar demais dos imaginários que incendeiam os corações e as mentes dos alunos, não confundir rap com funk nem se denunciar com gírias muitas antigas. A um professor que se despedia dizendo: "Preciso correr pra pegar a minha pequena", a estudante estimulou: "Não deixe a sua filha esperando". Ele envelheceu vários anos ao corrigir: "Minha namorada". Por vezes, bate a paranoia: um professor, para não se sentir excluído por anacronismo, decidiu nunca mais pegar um táxi. Somente Uber. Um dia, viu um aluno entrar num táxi e deixou escapar: "Mas se ele pode...". Foi logo trazido à realidade: "Ele pode tudo. Tem vinte anos".

Brincadeiras à parte, saber narrar a história que se tem para contar, sem se perder em detalhes enfadonhos, mas sem deixar de apresentar todos os pontos fundamentais, é uma arte. Ser professor é uma arte. A sala de aula é o palco onde se tem de atuar a cada dia. Em Paris, fomos muitas vezes ver *A cantora careca* e *A lição*, de Eugène Ionesco, mestre do teatro do absurdo, em cartaz no pequeno Théâtre de la Huchette desde 1957. Atores chegam, vivem, passam, aposentam-se, morrem, o espetáculo continua. Segundo os atores, cada interpretação é única. Acredito profundamente que são sinceros. Dar aulas é assim.

Uma escola da complexidade precisa ser problematizadora e ter conteúdos relevantes para narrar, sem conteudismo, mas sem vazio de repertório. O seu grande desafio é ser, ao mesmo tempo, narrativa, problematizadora, lúdica, prática, teórica e sedutora. É tudo ou nada. Como assim? Ou é tudo, no sentido de uma hibridização agregadora, ou não será amada, perdendo-se na imensidão do nada, como uma obrigação insuportável. A escola tradicional funcionava na famosa base do ou...ou. Ou isto ou aquilo. Narradora ou problematizadora. Vivemos, como sempre enfatiza Michel Maffesoli, no auge do e...e. Isto e aquilo. O Brasil, ao menos, sempre teve tendência para a mistura. Em qualquer idade, o aluno quer ser encantado. Precisamos de magia.

A magia não pode ser improvisada. Não todos os dias.

## 22
# Educação pelos sentidos: também se aprende ouvindo

Este é um relato pessoal. Não se trata de um manual. Não tenho a pretensão de ensinar missa a quem a reza todos os dias. Escrevo a partir das minhas leituras, da minha reflexão e da minha experiência. Poderia comentar as ideias de grandes do campo das teorias sobre educação, como John Dewey, mas não estou fazendo uma tese nem acertando contas com os pilares da disciplina. Tampouco me proponho a mostrar erudição para antecipar sugestões de autores. Ensinar e aprender são atividades do sensível. Acionam todos os nossos sentidos. Tudo é bom para aprender. Aprendemos com o corpo e com a mente.

O objetivo aqui não é tentar refutar o que foi sustentado por grandes mestres e se cristalizou como verdade ou como sabedoria compartilhada ao longo do tempo. A proposta é mais modesta: pensar o fazer como quem faz parte cotidianamente de uma atividade. Parágrafo único: aprendemos fazendo e aprendemos ouvindo sobre o fazer.

Não há, do ponto de vista cognitivo, nenhum limite aos sentidos. Aprendemos cheirando, tocando, olhando, provando e ouvindo. Os limites são impostos pela experiência e pelo bom senso: não podemos provar um veneno letal para conferir sua potência. Há outras formas de abordagem. Não pretendo fazer aqui uma ode às chamadas aulas expositivas, que continuam existindo e não parecem, ao contrário do que se pode imaginar ou esperar, fadadas ao desaparecimento. Como estratégia pedagógica exclusiva, não há futuro para elas. Há um passado. Todo excesso tende ao excesso, valha a redundância. No extremo, poderíamos dizer que já não precisamos da escrita, pois se pode armazenar e transmitir informações em áudio e imagens.[1]

O livro e a escrita permanecerão em nossas vidas. Talvez um dia despareçam, pois nada permanece para sempre. O aprendizado pela escuta tende a acompanhar o ser humano enquanto ele existir. O ouvido não é menos competente do que qualquer outro sentido. A mente está aparelhada para absorver informações pelo ouvido. Não há passividade na escuta. Pode haver desconexão. Se o ouvinte desliga, não há escuta. O mesmo acontece na leitura. Se o leitor desliga, não há leitura. A escuta e a leitura exigem grande capacidade de concentração. Facilmente é possível perder o ouvinte e o leitor. Não se imagina uma defesa do abandono da leitura em função dessa dificuldade de manter certos leitores concentrados. Pode-se ler e pensar em outra coisa ao mesmo tempo. O mesmo acontece quando estamos ouvindo alguém cuja fala não nos interessa. Ler e ouvir são poderosos recursos educativos.

Na mitologia jornalística costuma-se dizer que não há texto longo, mas apenas texto chato. A culpa, portanto, seria do emissor. O mesmo pode acontecer com a fala. Quando, porém, a atenção do ouvinte é capturada, forças cognitivas potentes entram em ação. A imaginação invade o campo, abrindo clareiras, produzindo narrativas, gerando novas imagens, completando lacunas; a razão examina o que está sendo dito; a emoção enlaça os sentidos que a comovem ou chocam; o imaginário

---

1. Escrevi um livro sobre o tema: SILVA, Juremir Machado da. *A sociedade midíocre: passagem ao hiperespetacular, o fim do direito autoral, do livro e da escrita*. Porto Alegre: Sulina, 2012.

pessoal, com seu reservatório de vivências e significados, sofre uma perturbação e transborda; uma biblioteca pessoal interna é automaticamente consultada e revirada, havendo checagem do que é dito, comparação, ampliação, questionamento, correlações, cruzamentos, proposições, leituras, releituras; ideias surgem; refutações acontecem; sacadas incendeiam o cérebro do ouvinte; uma cadeia de procedimentos cerebrais, baseados em sinapses vertiginosas, é desencadeada; energias são queimadas; tudo entra em ebulição.

Uma pergunta que nunca sai de moda é esta: como temos ideias? Ou: de onde surgem as nossas ideias? Tente ficar sentado na frente de uma página em branco na tela do computador à espera de uma ideia. Dificilmente algo acontecerá, salvo o tédio e o pavor com o tempo passando. As ideias parecem fervilhar quanto submetemos o nosso cérebro, espírito, mente, imaginário, a estímulos de todos os tipos: leituras, práticas e escutas. Ouvir faz pensar. Faz o cérebro rodar.

Marshall McLuhan, visionário da comunicação, criador de fórmulas geniais como "aldeia global" e "o meio é a mensagem", dividiu, em sua obra mais polêmica, de 1964, os meios de comunicação, que eram bastante amplos para ele, em "meios quentes" e "meios frios". O rádio, meio por excelência da escuta, seria um "meio quente": "Há um princípio básico pelo qual se pode distinguir um meio quente de um meio frio, como o rádio, do telefone, ou o cinema, da televisão", escreveu. "Um meio quente é aquele que prolonga um único de nossos sentidos em alta definição, enquanto um meio frio prolonga em baixa definição."[2] O "meio frio" entregaria menos dados, exigindo maior participação; o "meio quente" entregaria mais

---

2. Ver MCLUHAN, Marshall. *Os meios de comunicação como extensões do homem*. São Paulo: Cultrix, 2006, p. 37.

dados, obrigando-se a descrever tudo, deixando menos espaços para a atuação do público.

Com a devida vênia, o esquema de McLuhan pode ser invertido: o rádio, por mais que descreva, deixa muito mais espaço para a participação do que a televisão. O rádio deveria ser chamado de "meio frio"; a televisão, de "meio quente". A voz não tem imagem. Ela imagina, faz imaginar, recorre a imagens em sentido figurado, dá pistas, indica, sugere, pontua, não entrega pronto. A grande moda atual dos *podcasts* mostra o quanto se aposta na audição como meio eficaz de aprendizagem. Ouve-se um *podcast* dirigindo um carro, andando numa esteira, lavando louça, fazendo mil outras coisas, mas não qualquer coisa, não fazendo uma cirurgia, imagino, tampouco lendo. Ler e ouvir exigem tanta atenção que não podem ser feitos ao mesmo tempo, salvo se for uma música instrumental, sem palavras a interpretar. Claro que pessoas ouvem música e leem ao mesmo tempo. Desconfio que o aproveitamento não seja estupendo. Ler e ouvir são modos que exigem muita interpretação, complemento, participação e colaboração.

Mukherjee conta que James Watson deu o grande salto para a construção, junto com Francis Crick, do modelo do DNA que os consagraria e daria à humanidade um novo conhecimento extraordinário depois de ouvir, em 21 de novembro de 1951, uma palestra de Rosalind Franklin, no King's College. Ela falava rápido, ele não fazia anotações. Chegou a se perguntar, durante a palestra, sobre "como ela seria sem aqueles óculos e com um penteado diferente". Cientistas dificilmente escapam aos valores da época em que vivem. Uma mulher falando despertava no homem Watson pensamentos machistas. Ao final, estava transformado. Aquilo teria consequências: "Assistira ao mais importante seminário científico da sua vida científica e não fizera anotações", escreve Mukherjee.³ Aí o leitor objeta: o cara era um gênio e estava muito motivado. Descartada a questão da genialidade, cada um na sua dimensão, o que conta justamente é a motivação.

O problema não está em ensinar ou aprender pela escuta, mas em estar motivado para tanto. As crianças estão motivadas para ouvir as histórias que tanto as encantam. Por que depois disso a fala não motivaria mais? A leitura, domínio do olhar, corre perigo na educação, A escuta, domínio do ouvido, também. No entanto, seria dispendioso insistir que se ensina e se aprende lendo e ouvindo, assim como pode existir motivação para isso. O problema pode estar, mais uma vez, em como contar a história que se tem para narrar. Rosalind Franklin não era a melhor narradora, nem Watson o melhor ouvinte, mas ela tinha algo importante e novo para relatar e ele estava motivado o suficiente para prestar atenção no essencial. Ambos queriam resolver problemas.

Somos multitarefas, multiplataformas, multissensoriais, aptos a ouvir e fazer várias coisas sem que isso anule a competência para escutar. Uma aluna certa vez, ao ser chamada à atenção por estar distraída, defendeu-se com eficácia: "Não preciso olhar para ouvir". Na sequência, resumiu o que havia sido dito e posicionou-se contra.

Numa palestra, o convidado, comunicativo e divertido, detonava a educação pela fala, que chamava de paradigma superado e simplista. Um dos ouvintes, ao final do evento, pediu a palavra para dizer: "Muito obrigado. Aprendi muito hoje com a sua fala."

Edgar Morin, em *O método 4, as ideias*, apresenta o complexo caminho da formação, cristalização e desconstrução do

---

3. MUKHERJEE, 2016, p. 183.

que sentimos e pensamos: "Aprendemos que as ideias se fixam cerebralmente por estabilização seletiva de sinapses, inscrevem-se fisicamente por *imprinting*, adquirem vida e poder noológico alimentando-se com nossas necessidades, desejos e temores".[4] Ele termina esse livro provocativo alertando: "Tudo isso não é apenas um problema profissional para filósofos e epistemólogos. O problema cognitivo é o problema cotidiano de cada um e de todos. A sua importância política, social e histórica torna-se decisiva."[5] É disso que se trata, de como aprendemos, lidamos com o mundo e alteramos nossos modos de ser e de pensar.

Excluir a leitura de livros e a escuta atenta de exposições pelo fato de que entediam estudantes de um tempo de movimentação permanente pode parecer correto à primeira vista, numa adequação ao espírito da época. Por outro lado, pode representar o abandono de dois poderosos mecanismos de abstração e conexão com o real. O debate não está fechado. O pluralismo pedagógico apresenta-se como a escolha mais produtiva para o grande jogo da educação. Ler e escutar fazem parte dessa pluralidade. Resta saber o que dizer e o que fazer ler. Numa distopia, ao estilo praticado por Yuval Harari, que prevê um futuro dividido entre uma maioria desocupada, com suas atividades engolidas pela inteligência artificial, e uma elite de super-humanos[6],

---

4. MORIN, 2008, p. 303.

5. MORIN, 2008, p. 310.

6. Ver HARARI, 2016, p. 278: "Os principais produtos do século XXI serão corpos, cérebros e mentes, e o abismo entre os que sabem operar a engenharia dos corpos e cérebros e os que não sabem será muito maior do que aquele entre a Grã-Bretanha de Dickens e o Sudão de *Mahdi*. Na verdade, será maior do que a brecha entre o *Sapiens* e os neandertais [...] Se Marx voltasse a viver hoje em dia, provavelmente incitaria seus poucos discípulos remanescentes a ler menos *O Capital* e a estudar a internet e o genoma humano".

pode-se imaginar também uma fratura exposta entre leitores e não leitores, ouvintes capazes de acompanhar densas exposições e pessoas com baixíssimo poder de concentração para encadeamentos verbais expressos em decibéis compatíveis com o ouvido humano ao longo dos séculos.

Não é o caso, porém, de fazer terrorismo, até porque aulas expositivas e palestras continuam existindo, assim como a leitura. Em certo sentido, nunca se leu tanto, ainda que ler livros e ler trechos esparsos, saltando de um link para outro, sejam coisas muito diferentes em termos de demanda cerebral. Seremos menos lineares e mais saltitantes, fazendo conexões rápidas, talvez mais dispersivas, possivelmente mais velozes, cortando lentas passagem de evolução retilínea. Sem precisar concordar com a visão política de Harari, seja qual ela for, não há no horizonte sinal de que o capitalismo agonize, deixando para trás as utopias revolucionárias de Guy Debord e de Paulo Freire. Talvez se esteja abrindo caminho para escolas ao gosto do cliente, com leitura de livros ou sem, com aulas expositivas ou não, a cada um conforme suas possibilidades cognitivas ou exigências lúdicas.

A escuta motivada é um processo complexo de ativação cerebral. Na medida em que a palavra faz o seu percurso na mente do receptor, dependendo do seu conhecimento e do seu interesse pelo tema, acendem-se reações inesperadas pelas quais o encoberto se descobre, o impensado se faz pensar, o obscurecido se deixa iluminar, lacunas sendo preenchidas, num vir à tona, num dar à luz, num fazer emergir, num destapar, enfim, num intenso processo de resposta ao estímulo. Em seguida, mesmo que o estímulo tenha sido desligado, o caminho do pensamento já foi desbloqueado, permitindo a continuação da aventura, que não é meramente reativa, mas livre, soberana, surpreendendo, muitas vezes, o próprio sujeito dessa operacionalidade cognitiva.

Não é preciso ser neurocientista para compreender em parte essa tempestade criativa. Basta se autoanalisar um pouco. Ou conversar com quem tenha uma boa história para contar sobre o momento em que, durante uma aula, ouvindo uma palestra ou escutando as falas de um filme ou de uma reportagem, teve o que chamou de uma ideia, uma grande ideia, a solução tão procurada para um problema persistente. Já usei em outros livros a anedota sobre a aluna adolescente que, ao ouvir o professor falar sobre os versos de Fernando Pessoa, "navegar é preciso/ viver não é preciso", ficou subitamente vermelha, o rosto afogueado, os olhos brilhando, e disse sem que ninguém perguntasse: "Nossa, gente, ele não está falando de necessidade, mas de exatidão".

Fazer descobertas não obriga todo mundo a ser um Newton. O prazer das pequenas descobertas, daquilo que já é conhecido de outros, também pode ser enorme. De certo modo, a educação tem a ver com fazer caminhadas sobre caminhos batidos, embora não só, atentando para novas flores ou novos obstáculos no percurso. O leitor, supondo-se que exista um, será generoso e não tomará este capítulo como uma anacrônica defesa da educação transmissora, "bancária", apassivadora, mas como uma argumentação em favor da ampliação do campo cognitivo. De resto, nunca houve restrição propriamente dita, os sentidos estão disponíveis para a aventura do conhecimento. A riqueza do organismo humano é que, não se dispondo de um desses sentidos, é possível conhecer por meio dos outros, cujas potencialidades podem ser vastas e nem sempre exploradas, ou recorrendo-se ao instrumental construído pela inteligência humana para, como diria McLuhan, estender nosso corpo. Os óculos estão entre os mais tradicionais mecanismos desse híbrido que somos desde muito tempo, seres humanos apoiados em artifícios. Dizer que também se aprende ouvindo não significa que aqueles que não ouvem terão de ficar de fora do jogo do conhecimento.

Falar em educação pelos sentidos tem a sua pequena polissemia. Se cada sentido é uma antena individual em contato com o exterior, o aprendizado é sensorial também por não se dar apenas pela razão. Aprende-se com a emoção, com a experiência, com o coração. Aprendizado estético, afetivo, sensitivo, intuitivo. Aprende-se bastante quando não se está em situação consciente ou formal de aprendizagem. Viver é aprender permanentemente. Talvez o mais difícil aprendizado seja o da autocrítica, da percepção do erro, que se disfarça em racionalização, ou se finge de ideologia, quando não se calcifica como teimosia. Errar é humano. As máquinas morrem de inveja. Delas não se fala assim. Não erram, falham, quebram, saem do trilho, não se desculpam, não se responsabilizam pelo que fazem, não garantem resultados nem estouram champanha pelas conquistas acumuladas. Vida de máquina não tem graça.

Avançamos do monopólio da fala para o silêncio do discurso professoral, carimbado como abuso de expressão pedagógica ou de imposição por privilégio da função, uma espécie de foro privilegiado acadêmico ou escolar; percebemos o ruído ardiloso na exposição sem réplica nem interrupção; passamos a defender o diálogo, a polifonia, o cruzamento de vozes em alegres assembleias do contraditório e da vida. Corremos o risco agora de não ouvir o que é dito por estarem todos falando ao mesmo tempo ou por não acreditarmos mais num recurso tão simples, de que a natureza nos dota, capaz, com frequência, de dispensar qualquer mediação tecnológica, inclusive a de um microfone.

A tecnologia, contudo, como já foi dito e redito, mas não custa repetir, não é o inimigo dentro dos nossos muros, a barbárie a nos dominar com sua sedução, em sua enésima variante, o computador, os aplicativos, as ferramentas pedagógicas, as plataformas, enfim. Ao contrário, trata-se do grande aliado que amplia o alcance da mão, da memória, da mente, do olhar, da escuta, diminuindo distâncias, favorecendo contatos, gerando uma aldeia escolar planetária na qual a relação é a mensagem. Como na perda da aura da obra de arte pela sua reprodutibilidade técnica de que falava Walter Benjamin, o desejo de ver o original só aumenta. Milhões viajam para ver a Mona Lisa. Da mesma forma, a facilidade dos encontros virtuais não destrói a vontade de encontrar presencialmente. O cheiro das oliveiras na Grécia não chega pela internet. A tonalidade das cerejeiras floridas em Montparnasse não se traduz em imagem abstrata com a mesma perfeição. Alguém dirá: "Ainda". Por certo, sem dúvida a ciência não para. Avante, pois, há o lugar do tato, do olfato, do olho no olho, do abraço, do estreitamento, esse mistério da presencialidade.

Damos saltos para a frente que parecem nos devolver ao passado longínquo. Sócrates e Platão, ou Sócrates via Platão, desconfiavam da memória escrita. Em *Fedro*, Sócrates alerta que o texto escrito, assim como a pintura, não dialoga: "O mesmo ocorre com as palavras escritas: é possível que imaginasses que falam como se possuíssem algum entendimento, mas se tu as interrogares, no anseio de conhecer o que dizem, se limitarão a dizer sempre uma só e mesma coisa".[7] Sócrates então se refere a "um discurso que é escrito com conhecimento na alma do aprendiz, discurso esse capaz de prover sua própria defesa". Fedro capta a mensagem: "Tu te referes à palavra viva e animada da pessoa que conhece, da qual a palavra

---

7. PLATÃO. *Fedro*. São Paulo: FSP, 2010, p. 2. Pagotto-Euzebio e Almeida destacam esse aspecto em sua pertinente análise, 2022, p. 103.

escrita pode, com justiça, ser considerada a imagem". Sócrates exulta: "Exatamente".[8] Sem o comentador, sem o intérprete preparado, no caso, o filósofo, sem o professor, em nosso caso, o texto silencia ou não se revela.

Uma coisa é o diálogo, dirá o leitor, outra um professor falando sozinho. Sem dúvida. Mas uma coisa é a exposição preliminar, que situa e contextualiza, seguida de questionamentos, críticas ou objeções, e bem outra era a possibilidade mínima, ou inexistente, de intervenção, algo que se afigura atualmente como uma antipedagogia. A única questão legítima hoje é o momento de intervir: durante a fala, pontuando com ressalvas, perguntas ou sugestões, ou depois dela? Essa é uma decisão que pode ser tomada em conjunto entre professor e alunos. Ou ser proposta pelo professor a partir da sua personalidade e da sua dinâmica. Não é raro que estudantes peçam para interromper a saraivada de comentários ou questionamentos durante uma aula para que possam ter primeiro uma visão de conjunto do problema ou tema exposto, deixando para depois desse ato inicial o momento da interação.

Na diversidade das estratégias pedagógicas há aulas que começam com uma exposição do professor; outras, com apresentações dos alunos e comentários do professor, como fazia Jacques Derrida uma vez por mês; outras ainda se transformam em seminários, partindo de textos lidos previamente para análise e debate no grande grupo, situação em que o professor vira mediador, comentador, estimulador ou avaliador. Como no futebol atual, as variações táticas são corriqueiras. Muitas, embora se apresentem como novidades absolutas, reciclam com sucesso e algum ângulo novo estratégias conhecidas desde muito tempo. Como sugeria, ou afirmava Paul Feyerabend, com sua

---

8. PLATÃO, 2010, p. 2.

visão libertária, "o único princípio que não inibe o progresso" da ciência, metodologicamente falando, é "tudo vale": "A ideia de conduzir os negócios da ciência com o auxílio de um método que encerre princípios firmes, imutáveis e incondicionalmente obrigatórios vê-se diante de considerável dificuldade quando posta em confronto com os resultados da pesquisa histórica".[9] Tudo vale desde que passe nos testes do rigor, da transparência, da verificação por pares, da ética e dos resultados aferidos e legitimados socialmente. Inovar é ótimo, sendo aceito.

---

9. FEYERABEND, 1977, p. 29-20.

# 23
# PEDAGOGIA DA COMUNICAÇÃO, A FORÇA DAS HISTÓRIAS

Pensamos com os retalhos que encontramos à disposição. Olhamos para trás, empurrados pelas necessidades do presente e pelos anseios de futuro, e montamos um quebra-cabeça com o material que encontramos. A escola procura organizar essa reconstrução. Nada é deixado ao acaso. Das datas que comemoramos a cada ano, com direito a feriado local, regional ou nacional, aos nomes que batizam nossas ruas, praças, cidades e escolas, tudo está vinculado a construções cada vez mais meticulosas no sentido de consolidar uma visão de mundo. Descartamos as concorrentes e tentamos deslegitimar as que possam abalar o imaginário em edificação. Como pedir que cada um se reconheça nessas representações quando elas impõem os valores de uma parte como sendo os valores do todo? Aquilo que se ensina resulta de escolhas direcionadas pelos que, em determinado momento, têm o poder de fazer escolhas. Consagrar uma parte passa também por apagar o que possa contestá-la.

No Brasil, períodos como o das disputas que levaram à implantação da República, o Estado Novo (1937-1945) e a ditadura midiático-civil-militar (1964-1985) foram cirúrgicos nas escolhas do que pretendiam valorizar em termos de republicanismo, civismo e patriotismo. A escola devia contar como o país fora construído pelos bravos republicanos, pelos revolucionários de 1930, exceto os que logo se decepcionaram e pegaram em armas, em 1932, contra o governo provisório de Getúlio Vargas, que se eternizava, e pelos pretensos salvadores da pátria, que, depondo João Goulart, teriam evitado a ascensão do comunismo.

O que se conta pode ser muito planejado. Júlio de Castilhos, o cérebro do movimento republicano no Rio Grande do Sul, estudante de direito em São Paulo, escreveu a Apolinário Porto Alegre, em 28 de maio de 1881: "Enfim, não me consta que haja na nossa província quem conheça mais a história da mesma do que o Sr. Ninguém, portanto, mais do que o Sr. pode auxiliar-nos na patriótica tarefa que todos nós nos impusemos levar a efeito, e que, em caso de ser bem cumprida, poderá trazer ótimas consequências, pelo duplo fim que leva em vista: rememorar a revolução de 35, restabelecendo ao mesmo tempo a verdade dos seus sucessos que tão adulterados têm sido (como acaba de sê-lo com uma Memória do Conselheiro Alencar Araripe – escritor palaciano) e alevantar mais, se é possível, o Rio Grande no conceito do país".[1] Castilhos, positivista de carteirinha, entendia que as sociedades precisam de rituais e de mitos fundadores. No caso do Rio Grande do Sul, onde buscar? Na guerra civil de 1835-1845, que a província perderia, mas encontraria um jeito de comemorar como vitória. Um imaginário se consolida a partir de um nome: Revolução Farroupilha.

Afinal, o que é a educação? Se a felicidade pode ser definida como o máximo de prazer possível e o mínimo de sofrimento[2], numa perspectiva pragmática, na pós ou hipermodernidade, quando todos os projetos da modernidade se decompõem por

---

1. Ver SALDANHA, Benedito. *Apolinário Porto Alegre: a vida trágica de um mito da província*. Porto Alegre: Nova Prova, 2008, p. 40-41.

2. HARARI, 2017, p. 203, sobre a ideia de Sam Harris de que os seres humanos querem maximizar a felicidade.

saturação ou aceleração, por esgotamento ou excesso, como sugeria Jean Baudrillard ou defende Gilles Lipovetsky, a educação pode ser concebida de modo minimalista como toda a estratégia usada para ensinar/aprender o que se queira ou necessite entre as possibilidades socialmente admitidas e validadas.

Nesse movimento incessante deve-se problematizar o problema e o problematizador. Problematizar os mitos e as referências. Problematizar Paulo Freire e Edgar Morin. Não existem tabus para a mentalidade problematizadora. Doutorando em sociologia em Paris, nos anos 1991-1995, pós-doutorando em 1998, tendo passado algum tempo na França todos os anos, no intervalo entre 1991 e 2019, quando a pandemia do coronavírus subitamente interrompeu a minha rotina de viagens, procurei conhecer e entrevistar grandes intelectuais. De alguns fiquei amigo e intermediei ou organizei viagens deles ao Brasil. Um dia, François Furet me convidou para almoçar. Era um grande historiador da revolução de 1789, odiado pela esquerda como conservador. Eclético e curioso, eu encontrava de Furet a Régis Debray. Jornalista, abordei muitas vezes pequenas anedotas de bastidores desses encontros. Alguns leitores se aborreciam, garantindo que eu falava disso para me exibir, para me dar ares de importância. Continuo acreditando que a gente aprende com o que se dá à margem das coisas.

No almoço com o autor de *O passado de uma ilusão*[3], conversamos sobre novas leituras de acontecimentos históricos. Furet me ouviu com atenção. Era um anfitrião amável. Na sobremesa, ele subitamente abordou a minha preocupação com anacronismos. Todas as épocas revisitam o passado, disse. A força das grandes histórias, prosseguiu, nos atrai sempre mais na medida em que descobrimos documentos novos sobre grandes

---

3. FURET, François. *O passado de uma ilusão*. São Paulo: Siciliano, 1995.

acontecimentos ou que nossos dispositivos conceituais mudam. Nada pode nos impedir de reabrir o diálogo com o que nos constitui por ruptura ou herança. Saí do almoço com a certeza de ter aprendido algo fundamental: o passado está sempre aberto às interpelações do presente. Trata-se de uma relação comunicacional. Claro que a pergunta era: o que contamos sobre o passado? Já abordei aqui esse aspecto. Resta insistir sobre o ponto: toda forma de educação depende de uma prática de comunicação: o que contamos? Como contamos? Para quem? A ciência tem um discurso sobre si mesma que pode, em alguns aspectos, ser chamado de mitologia. As mitologias profissionais são representações sempre positivas, que costumam excluir ambições e lógicas de carreira e realçar atitudes heroicas: missão, compromisso com a verdade, amor à humanidade etc.

A questão central do problema pedagógico focalizado por Paulo Freire já era a comunicação. O fantástico desenvolvimento tecnológico posterior à sua reflexão, algo que mesmo os intelectuais mais atilados daquela época não podiam imaginar, aparece agora para alguns como o elemento que faltava para sanar essa dificuldade. A comunicação pedagógica teria sido deficitária durante tanto tempo por falta de tecnologia para tornar a sala de aula mais dinâmica e interessante aos olhos dos alunos, especialmente em idades, como a adolescência, em que os hormônios podem agitar corpos e mentes. Além disso, crianças e jovens habituados a doses diárias gigantescas de tecnologia não teriam como se adaptar a qualquer atividade destituída de tais dispositivos.

Como pensar a comunicação em sala de aula sem cair no deslumbramento tecnológico nem na nostalgia de uma idade de ouro da atenção ao que o professor tinha para ensinar? A tecnologia não é mero instrumento na mão do seu usuário. Ela afeta o mundo para além das escolhas de cada um, criando novas maneiras de viver que alteram rotinas e comportamentos. Existe algo que permanece? Em princípio, o fato de que a educação busca preparar para a vida em algum dos seus níveis, necessidades ou imposições. Educar é comunicar. Mas o quê? Aquilo que cada época ou grupo social entende que deve ser comunicado. A epistemologia ocidental, produto e produtora do colonialismo europeu, escolheu por séculos comunicar aquilo que dá ao seu protagonista o papel principal. A história brasileira desconheceu ou descartou Zumbi dos Palmares por séculos e fez dos bandeirantes, apresadores de indígenas, heróis com direito a estátuas e louvores.

Indígenas, negros e mulheres viraram coadjuvantes de uma história protagonizada por homens brancos. A educação, como síntese do que será considerado essencial a ser ensinado, nunca se livrará, em certos domínios, como o das humanidades, do permanente embate entre visões de mundo, narrativas, ideologias, imaginários, cosmovisões e revisões. A "eurovisão" tem orientado os nossos olhares através dos séculos. Cada visão se apresenta como a fotografia irretocável dos fatos. É no entrechoque de umas e outras que as desconformidades aparecem. Assim, por força dos dispositivos de seleção e imposição de cada época, temos contado pouco, não contado tudo, deixado partes importantes de fora, tendo muitas vezes de fazer leis para obrigar a que se estude, por exemplo, a história e a cultura afro-brasileiras em nossas escolas.

O que se deve contar? Um risco que sempre se corre é o de substituir uma narrativa por outra, sem espaço para o contraditório. Uma escola da complexidade e da diversidade tem por desafio contar tudo de todos, contar "bem", de modo a mobilizar os alunos, a levá-los ao debate, confrontando visões, aportando dados de novas pesquisas, contextualizando leituras. François Furet, no almoço de que não esqueço, falava da importância de cotejar, sobre a revolução francesa de 1789, as visões de Edmund Burke, Thomas Paine, Jules Michelet, Alexis de Tocqueville, Hippolyte Taine, George Lefebvre, Albert Mathiez, Albert Soboul, Eric Hobsbawm e tantos outros. Cada um com uma tese, um olhar, uma interpretação. Leituras conservadoras, liberais, marxistas, favoráveis, desfavoráveis, inovadoras etc.

O mundo é um caleidoscópio. Como contar bem o que tem tantas pontas, tantos ângulos, tantas faces, tantas asperezas? Eis o desafio. Para esgotar o exemplo dado, vale lembrar que filmes, romances, ensaios, livros de história e todo tipo de material estão disponíveis. O leitor cético sorri: pode um jovem de 2023 se interessar pelo que aconteceu em 1789? Nada de novo no front. De certo modo, sempre foi assim, com menos recursos disponíveis. Há o tempo do desinteresse, o tempo do presente perpétuo, o tempo dos amores e o tempo das descobertas, quando o conhecimento fascina e apaixona. Felizes os convidados para o banquete do saber. Deles será uma parte do mundo.

Um esportista famoso, cujo nome não vem ao caso, entrou em conflito com a ex-esposa, também famosa. Ela o acusava de não valorizar a escola dos filhos. O rapaz, contudo, fazia questão de que o filho tivesse sua aula de skate. Talvez descresse um pouco da escola por ter ficado rico com uma prancha. O esporte é maravilhoso e tem sido um mecanismo espetacular de ascensão social. Para a maioria, contudo, a escola, com seu foco em atividades bem mais tradicionais, continua sendo o caminho da realização profissional e do sustento pessoal e familiar. Precisamos de médicos, de padeiros, de surfistas, de skatistas, de geneticistas, de matemáticos, de historiadores, enfim.

Se alguns só enxergam a felicidade na fama, e esse parece ser o valor mais realçado pela sociedade do hiperespetáculo, outros, muitos outros, querem viver e ser felizes sem necessidade de holofotes, no convívio das suas famílias, junto aos amigos, na satisfação dos objetivos alcançados, na esperança da estabilidade, dos pequenos ou grandes avanços e na alegria dos rituais sociais de uma existência plena, pontuada por nascimentos, escolarização, formaturas, casamentos, viagens, férias. O desafio de uma escola do nosso tempo – transdisciplinar, complexa, diversa, inclusiva, tolerante, generosa, aberta, fascinante, mobilizadora – consiste justamente em abrigar todas essas aspirações e saber contar histórias para todos, sejam quais forem os seus pontos de partida e as suas ambições de chegada.

Uma escola da complexidade e da diversidade conta o que conta por estar em sinergia com o seu tempo e suas causas, com seus dilemas, suas lutas, seus debates, suas utopias e metamorfoses. Ao contar o que conta, insere-se nessa conta, como palco do que um dia os seus alunos contarão sobre o tempo inesquecível passado nas suas instalações e transformado em lembranças, que é o nome dado às memórias afetivas, aquelas que dão, a cada um, um percurso, uma biografia, uma identidade, identificações, um "trajeto antropológico", conforme a bela noção concebida pelo mestre Gilbert Durand citada antes.

Mais uma vez, nesta reflexão em movimento, dos dedos e da mente, pululam as perguntas matreiras: como estamos escolhendo o que contamos? Como estamos contando o que contamos? Poderíamos estar contando outras coisas? De outro jeito? Noutra *vibe*? Escolhemos, de fato, o que contamos? Ouvimos, em algum momento, o que pedem ou dizem aqueles que ouvem ou ouvirão o que contamos? O tempo passado numa escola pode ser visto por cada um como um conto. Se mudamos o ponto de vista ou o narrador, o que aparece? Uma escola da complexidade e da diversidade tem de ser polifônica, uma história contada por múltiplos narradores, com muitos pontos de vista e finais sempre em aberto.

# 24
# Primeiro encontro com Morin: ousa saber, ensinar e aprender

Para encaminhar um fechamento, precisamos muitas vezes voltar ao começo, recapitular coisas e rever a caminhada. Em relação à influência de Edgar Morin na minha modesta travessia, escrevi muitas vezes. Numa das últimas, fiz o que seria um artigo, que retomo aqui, pontuando inclusive meu ponto de vista, o lugar de onde escrevo.

Sempre tive dificuldade para escrever texto acadêmico em primeira pessoa do singular. Curiosamente essa rejeição veio da minha formação jornalística. O "eu" sempre me pareceu reservado à crônica, ao depoimento, à subjetividade. Tenho lido, porém, bons textos de ciências humanas empurrados por uma energia autoral que não se esconde. Decidi, pelas razões que apareceram ao longo deste livro, dar o salto. Dizer "eu". Visitei Edgar Morin pela primeira em 28 de maio de 1992, no seu apartamento, na capital francesa. Estava lá para uma entrevista. Era doutorando em sociologia, na Sorbonne, Paris V, sob a orientação de Michel Maffesoli, amigo de Morin, que pavimentou meu acesso ao mestre da complexidade e dos estudos transdisciplinares.

Edgar Morin me recebeu tão cordialmente que logo perdi a inibição. Ele queria saber o final da telenovela brasileira *Dona Beija*, com Maitê Proença, que passava então num canal francês. Eu não havia visto a novela. Não tinha a menor ideia sobre o seu enredo. Nada sabia de uma cortesã de luxo que tirava dos ricos e dava aos pobres. Morin me repreendeu com bom humor, sugerindo que eu era o intelectual padrão, em busca de ideias europeias, alheio às riquezas da cultura do meu tempo. Tentei objetar que novela de televisão não fazia parte do meu cardápio, o que, na verdade, era falso. Foi pior. Ele discorreu sobre a complexidade da protagonista do folhetim e me disse algo que aparece em seus textos: há mais sabedoria naquilo que as pessoas simples consomem, inclusive na televisão, do que imaginam os bem-pensantes. Saí dali disposto a conhecer o destino de Dona Beija.

Ele me telefonaria para cobrar. Anos mais tarde, ele encontraria Maitê Proença no Brasil. Em 1995, Morin faria parte da minha banca de doutorado. Em 1998, seria um dos supervisores da minha pesquisa de pós-doutorado. Essa relação só se estreitaria nas décadas seguintes. Organizei ou participei da organização de várias viagens dele a Porto Alegre e outras cidades brasileiras. Estivemos juntos em Belém do Pará, onde conversamos muito sobre Amazônia, ecologia, futuro, colonialismo e reforma dos modos de vida. Traduzi quatro dos seis volumes de sua obra máxima, *O método*, e publiquei muitas entrevistas com ele em jornais e revistas. Morin tornou-se um dos meus mestres.

Para Morin os intelectuais precisam ter os pés no chão. Em citação já feita aqui ele critica intelectuais que ficam com a cabeça nas nuvens. Sair das nuvens implica ir aonde a vida de todo mundo está. Como se diz popularmente, sujar as mãos, botar o pé na estrada, comer poeira, sair da torre de marfim. Morin gosta de dizer que pode haver mais capacidade crítica e liberdade de espírito num coquetel de fim de tarde ou numa mesa de bar do que em certas atividades intelectuais engessadas pelas formalidades e estratégias de preservação de posições de prestígio e poder. Daquela primeira entrevista e de outras que fiz com ele guardei sua cristalina determinação para relativizar o poder demoníaco atribuído à mídia e aos mecanismos do entretenimento sobre a educação dos jovens. Em entrevista posterior, que republiquei em livro, ele afirmava:

> Os meios de comunicação de massa fazem parte da sociedade. É esta que fundamenta e legitima posições. Não cabe exagerar o papel da televisão. Madonna não representa um perigo público. Educadores, pais e intelectuais recorrem ao argumento cômodo segundo o qual a televisão aliena. Mas a situação é mais complexa. Não há, por exemplo, como estabelecer uma relação clara de causa e efeito entre a violência e a programação da televisão, a não ser em casos muito específicos e certamente não previstos pela emissão. Preocupo-me com a cretinização promovida pela televisão, mas também com essa que é disseminada pelos intelectuais.[1]

Jornalista, convivi com a desconfiança acadêmica permanente em relação à mídia. Acadêmico, conheci a mágoa de jornalistas em relação às críticas dos intelectuais. Leitor de Morin, sempre oscilei entre esses dois polos, o horror às manipulações e simplificações da mídia, que conheço de dentro, e a desconfiança quanto ao poder absoluto dos meios de comunicação sobre seus destinatários atribuído por intelectuais. Desde aquele primeiro encontro, Edgar Morin me legou a importância de duvidar das certezas ferozes e de relativizar o que se apresenta como análise fria e científica, mas se apoia no passional.

Edgar Morin passou dos cem anos de idade produtivo intelectualmente, atuando até mesmo no Twitter. Um dia, numa

---

1. MORIN, entrevista a: SILVA, Juremir Machado da. *Visões de uma certa Europa*. Porto Alegre: Edipucrs, 1998, p. 68.

conversa em Paris, perguntei-lhe qual das suas tantas atividades o definia melhor: sociólogo, epistemólogo, filósofo, pensador? Respondeu que a complexidade exige transdisciplinaridade e que essas compartimentações disciplinares mais escondem do que relevam o trabalho de alguém. Sua aposta na complexidade não se fez sem traumas. Sua abordagem foi muitas vezes rejeitada como demasiado integracionista. Morin atravessou a era de muitos "ismos" e sobreviveu: marxismo, existencialismo, estruturalismo, maoismo, pós-estruturalismo etc. Os anos 1960 foram pródigos em "ismos" que pareciam definitivos. De algum modo, todos passaram como ideologia científica capaz de resolver os problemas postos e de apresentar um caminho para as sociedades. Morin, atento à força do acaso e da incerteza, surgiu na outra margem do rio como sobrevivente das grandes ilusões redentoras e utópicas.

Muito cedo, nos anos 1950, ele se separou do Partido Comunista Francês, depois de, bem jovem, ter participado da resistência ao nazismo. Não nascera para negar evidências em nome de uma causa. Essa ruptura não afetou a sua capacidade de sonhar com um mundo melhor, mas selou sua desconfiança em relação a promessas do melhor dos mundos. Judeu, órfão de mãe ainda criança, fruto de muitos cruzamentos, criado em bairro popular de Paris, viu-se desde o começo aberto a múltiplas influências culturais, pronto para aceitar a mestiçagem como padrão.

Em nosso primeiro encontro, naquela tarde de maio de 1992, no seu apartamento perto da bela Place des Vosges, com seu jeito bonachão, ele já me alertava para os perigos da abstração e para a tendência dos intelectuais a amar mais os conceitos do que o concreto. O intelectual, em geral, para um pensador francês remete a Émile Zola, escritor célebre já no seu tempo, saindo da zona de conforto de sua especialidade literária para denunciar em jornal, em 1898, a escandalosa conspiração contra um inocente, o oficial judeu Alfred Dreyfus, acusado de espionagem em favor da Alemanha. Ser intelectual é atuar em campo aberto, no espaço público, em favor da sociedade como um todo, mostrando-lhe seus erros, trazendo à tona seus preconceitos, revelando suas contradições.

Quando releio a entrevista daquele dia, percebo o quanto se pode aprender por meios diferentes. Edgar Morin não estava diante de mim, com sua gata Herminette no colo, na posição de professor. Contudo, havia em cada interpelação sua uma vontade de me engajar num procedimento concreto de interação e de reflexão. Não queria apenas despejar palavras a serem gravadas por mais um jornalista na sua vida. Queria me fazer pensar sobre o que dizíamos e fazíamos. Quando lhe falei da comemoração naquele ano dos quinhentos anos da "descoberta" da América, ele denunciou prontamente o colonialismo europeu: "Jamais poderemos esquecer que a aventura europeia na América começou com a eliminação das culturas asteca e inca".[2] Em seguida, defendeu a importância de se examinarem todos os ângulos de qualquer processo histórico. Era o intelectual em ação.

O legado de Edgar Morin é enorme. Três palavras, no entanto, parecem-me incontornáveis: complexidade, transdisciplinaridade e compreensão. De certo modo, compreensão tem a ver com tudo o que está exposto até agora, pelo que pude constatar desde aquele primeiro encontro até o mergulho absoluto na sua obra, proporcionado, insisto, pela tradução de alguns dos seus livros mais importantes, passando pelas numerosas con-

---

2. MORIN, entrevista a SILVA, Juremir Machado da. *O pensamento do fim do século*. Porto Alegre: L&PM, 1993, p. 224.

versas em situações menos formais – viagens, almoços, jantares –, mas não menos instrutivas e provocativas intelectualmente.

Creio que, no fundo, Morin me estimulou a assumir o meu "eu" desde o primeiro dia. Não um "eu" narcisista. Nada disso. O "eu" que não se pode neutralizar quando se pensa, pesquisa e escreve. O "eu" que revela, desvela e informa sobre o sujeito do conhecimento. Aquele que faz parte da caminhada e não pode ser deixado em casa quando se vai caminhar. Formado na escola do distanciamento, sempre relutei. Essa perspectiva, da qual sou fruto, valoriza a explicação, a prova, a demonstração, a certeza, o argumento definitivo que resolve e cala o interlocutor, o outro, esse oponente que se transforma em antagonista, quando, obviamente, deve ser apenas aquele com quem se colabora.

Na visão de mundo de Morin há e deve haver espaço para o mistério. A vida dos seres humanos não se esgota na plenitude da luz. Há mistério, sagrado, fantasia, imaginário, zonas de sombra, metafísica, especulações sobre o além, o pós-morte, o universo, o desconhecido. Conhecer também é aceitar que se desconhece. A dialógica do conhecimento passa pela descoberta das limitações temporais da ciência. Conhecer é desafio que exige humildade e persistência.

O percurso de Edgar Morin como pessoa e pensador tem algo de incomum. Ele soube estar presente onde as situações históricas exigiram sua participação. Mais do que tudo, soube romper e pensar por conta própria, na contramão das modas intelectuais e das imposições dos rebanhos. Resistiu a pressões, reprimendas e falsas certezas. Guiou-se por suas intuições, inteligência e consciência. Não se deixou sufocar nem conduzir. Comportou-se como o ser independente que valoriza e quis ser. Tarefa difícil num mundo de instâncias de consagração e de convites para alianças sem transparência. Se não andou sempre em linha reta, não se deixou desviar da caminhada que lhe pareceu mais adequada, sabendo que o caminho pode ser conhecido de antemão, mas que a caminhada é única.

Compreender exprime o legado de Edgar Morin mais do que tudo. Compreender é ser complexo. Compreender obriga a sair dos compartimentos fechados e ir na direção do outro, desse outro que assusta pela sua singularidade e por não se deixar reduzir ao mesmo. Não penso que se deva tomar Morin como guru, como guia espiritual ou, para usar uma categoria já abordada, coach. Nem figura tutelar nem exemplo a ser seguido na condição de fiel ou discípulo. Mais do que tudo, um intelectual com suas circunstâncias, suas obsessões e seu legado.

Daquela primeira conversa na primavera de 1992 até hoje, depois de tantas caminhadas e caminhos novos, guardo a renovada convicção de que conhecer vale a pena, embora nada garanta que se chegará a bom termo. Precisamos de método para tratar o complexo, necessitamos de ligação, religação, de plúri e transdisciplinaridade. Nada está definido de uma vez por todas. Verdades tidas por universais são revisadas como expressões de um colonialismo que simulou ser a própria encarnação da racionalidade pura da abstração. Por trás dessa falsa universalidade, claro, encastelaram-se privilégios e interesses. A grande lição de Edgar Morin, lição do século XX e destas primeiras décadas do século XXI, talvez seja a mais inesperada: para se atingir a simplicidade é fundamental embarcar na aventura da complexidade.

Há situações que parecem fadadas a não ter consequência e, no entanto, surpreendem. Obviamente. A entrevista com Edgar Morin, naquele final de maio, tinha tudo para ser interessante e ponto final. Uma entrevista a mais na vida de um repórter acostumado a correr atrás de grandes nomes da arte e das ciências humanas. Claro que ir à casa de Edgar Morin causava certo nervosismo. O chamado frio na barriga de toda experiência relevante. O resultado para mim, no entanto, seria muito maior do que eu poderia prever ou imaginar. O entrevistado me interpelou, provocou, sacudiu e levou a conferir coisas como a novela *Dona Beija*. Começava ali um novo percurso para mim. Algo parecido tinha acontecido oito anos antes quando, recém-formado em história, encontrei o primeiro livro que li de Michel Maffesoli, *A conquista do presente*. Outros encontros produziram em mim mutações importantes. Esses dois, posso assegurar, passados tantos anos, foram decisivos.

Se com Maffesoli aprendi desde as primeiras páginas sobre a importância do cotidiano, das emoções compartilhadas e de um vitalismo fincado no presente, com Edgar Morin entendi prontamente que sem a busca da compreensão há grande chance de que as explicações permaneçam no nível das abstrações, impedindo de entrar em sintonia com a vida concreta. Neste texto, decidi me permitir mesclar um depoimento intelectual com o balanço da obra de um grande pensador, além de dar certo tom de crônica à escrita. Aprendi com Morin que muitos são os caminhos do conhecimento e muitas também são as caminhadas do saber.

Construção e desconstrução, narrativas e mitologias, ciências humanas e utopias políticas: expressões dessa permanente e mutante busca pela verdade, alguma verdade que possa ajudar a viver melhor. O tempo dos julgamentos sumários e das verdades intolerantes parece ter chegado ao fim como princípio em algum grau legitimado. Morin, contudo, sempre alerta que não há linha reta para o futuro. Nada impede que retrocessos aconteçam, que se ande uma casa para frente e duas para trás. Não há aventura humana sem risco nem imprevistos. Somos um pequeno ponto na imensidão do universo. Temos algo de único e muito de compartilhado. Conhecemos pela ciência e pela razão, mas também pela poesia, pelo romance e por outras formas de arte.

Edgar Morin prega tolerância, defende a diversidade, diverte-se com as inovações tecnológicas, alerta para os perigos da barbárie, sempre à espreita, por exemplo, em guerras que alguns consideravam extintas, e convida a pensar sobre o pensamento. O que pensamos hoje? Como pensamos? No que mudamos? Que sonhos acalentamos? O que esperamos do futuro que bate à porta? O seu legado de pensador transdisciplinar, portanto, talvez possa ser resumido numa palavra, um termo certamente sem substância científica, mas de profunda ressonância existencial e capacidade de mobilização: esperança. Aquela entrevista de maio de 1992 ainda ecoa em mim. Por que relembrá-la tão detalhadamente neste momento, neste livro, nesta reflexão sobre educação? Porque, na sequência, eu compreenderia o que Morin não me disse, mas sugeriu. É preciso, como diz a famosa divisa de Kant, *sapere aude*, ousar saber.

Mas ousar saber só faz sentido com outras ousadias, especialmente as coletivas: ousar aprender e ousar ensinar. Se há quem aprenda sozinho, pois muito é possível para a inteligência natural, a escola, lugar por excelência da aprendizagem, é espaço da relação: aprende-se porque alguém tem a ousadia de propor-se a ensinar. Não é de duvidar que soe ultrapassado insistir no verbo ensinar quando o que está em alta é aprender. Se todos aprendem sem ninguém ensinar, todos somos autodidatas. Não é disso que se trata. Ensinar e aprender continuam existindo. Ensinar, no entanto, sofreu forte ressignificação. Não quer dizer, por óbvio, transmitir para um recipiente passivo, nem depositar, muito menos treinar ou adestrar. Ensinar é interagir. Toda vez que o termo ensinar é acionado, seu correspondente aprender também se acende. Um circuito se forma: ensinar-aprender, aprender-ensinar. A eliminação de um elemento dessa cadeia pode surgir na mente de alguns ou ser vista como interessante. Se todos podem ser autodidatas, para que professores? Se todo o conhecimento necessário para qualquer atividade está a um clique de distância, para que intermediários? A racionalidade econômica fareja economia de meios e aumento de lucros; uma racionalidade libertária pode racionalizar um ganho de autonomia.

Um adolescente descolado pode simplesmente dizer: "não rola assim". Um tiozão, no Twitter, talvez adote um tom provocador: "não é assim que a banda toca". Um moriniano tranquilo pode se contentar com um "é mais complexo do que isso". Ousar saber continua sendo libertador e novas formas de ignorância e censura não cessam de se impor. A ignorância continua a ser um instrumento de poder. O conhecimento permanece uma forma de libertação.

Ousar saber, ainda hoje, pode afetar interesses econômicos, religiosos e políticos. Para que muitos possam ter a ousadia de aprender e saber é fundamental que não poucos tenham a ousadia de ensinar. No Brasil, há muito o que se ensinar e aprender sobre racismo, misoginia, homofobia, machismo, violência doméstica, feminicídio, desigualdade, discriminação, gênero, preconceito e outras coisas dessa ordem. Num mundo em que um por cento de privilegiados pode deter riqueza equivalente à de outros dois terços da população total, como ensinou a OXFAM na abertura do Fórum Econômico de Davos, na Suíça, em 2023, ousar ensinar que se deve cobrar mais impostos dos super-ricos é imperativo e perigoso.[3]

---

3. Ver https://g1.globo.com/economia/noticia/2023/01/16/em-davos-
-oxfam-recomendara-aumentar-tributo-sobre-os-super-ricos-para-
-combater-fome.ghtml. (Acesso em: 16 de janeiro de 2023.)

No fantástico documentário *Moonage Daydream*, dirigido por Brett Morgen, David Bowie, artista de trajetória complexa e mutante, estrela global do rock, apresenta-se como um generalista, categoria à qual recorreu muitas vezes na sua vida, determinado a não se fechar numa "opulência filosófica" por considerar fundamental servir-se de um "estoque incrível de pensamentos extracurriculares". Bowie ilustra perfeitamente a complexidade e a diversidade: eclético, inquieto, múltiplo, criativo, sempre em busca de renovação, disposto a mesclar, confundir, confundir-se, contradizer-se e assumir seus paradoxos e aporias. A tendência generalista de Bowie faz pensar na demanda moriniana, na expressão de Ernesto Sabato "mundiólogos", mas também na ousadia de ir além das especialidades, de querer ver o todo, de não se encerrar na partição e arriscar-se em campo aberto.

No auge da hiperespecialização, defender a importância de ser generalista é uma ousadia extraordinária que deixa marcas. Edgar Morin e David Bowie pagaram por isso. O pensador da complexidade foi muitas vezes menosprezado pelos seus pares encastelados em zonas de conforto acadêmico. Bowie andou com frequência na contramão dos gostos da crítica e do público. Quando se acomodou um pouco, depois de muita estrada, satisfeito com a fama e com o carinho dos milhões de fãs, também foi criticado, pois havia ensinado que dele sempre se deveria esperar ousadia e novidade. A ousadia de aprender permanentemente tem um pé na alegria de conhecer e numa espécie de inconformismo existencial. Todo mundo é obrigado a querer mudar sempre? Claro que não. Aprender também tem a ver com aprender sobre si. Bowie levou tempo para aceitar que fazia muito como artista e que não precisava ser ao mesmo tempo o vetor principal de ideias que outros podiam defender melhor do que ele. Quem aprende sobre seus limites pode ensinar sobre fronteiras, desejos, diferenças e personalidades.

Um dos maiores paradoxos da atualidade consiste em muito se falar em diversidade e diferença e se acabar produzindo uniformidade. Ousar não seguir o gosto médio ou o gosto da maioria exige coragem. A força das estruturas tende a puxar os diferentes para o meio. A mídia estampa fortemente essa contradição. Todos falam em diferença e singularidade, mas costumam veicular as mesmas manchetes e o mesmo enfoque de um assunto. Pierre Bourdieu, nesse pequeno livro que, como panfleto, repercutiu bastante nos anos 1990, observou com pertinência esse descolamento entre discurso e prática, resultado de muitos fatores, entre os quais o que ele chamou de "circulação circular da informação": como todos estão preocupados uns com os outros, todos se acompanham e copiam, um veículo não podendo deixar de dar o que outro deu ou vai dar. Assim, por medo de perder não se ganha, por medo de não ficar ao menos igual, perde-se o diferencial: "Para saber o que se vai dizer é preciso saber o que os outros disseram", afirma Bourdieu, completando que "esse é um dos mecanismos pelos quais se gera a homogeneidade dos produtos propostos".[4]

Para Bourdieu, jornalistas tinham "óculos" com os quais viam o mundo de uma maneira e não de outra, invertendo muitas vezes o que era banal e o que era extraordinário. Todos temos óculos, inclusive os sociólogos, mesmo os que acreditam em objetividade e objetivação. Professores também têm seus óculos. Lentes aumentam o que se vê. Ou, visto de outro modo, devolvem o objeto à sua dimensão não percebida pelo olho natural avariado. Ousar aprender pode ser ter a coragem de

---

4. BOURDIEU, Pierre. *Sobre a televisão*. Rio de Janeiro: Jorge Zahar, 1997, p. 32.

colocar óculos, de vencer a miopia, querer enxergar mais longe. Ousar ensinar pode ser a ousadia de tirar os óculos para ter outra visão, que, depois, será compartilhada. Ensinar/aprender, como circuito recursivo, conforme o conceito de Edgar Morin, pode ser visto como um processo em que um tira os óculos do outro, experimenta a lente alheia e, se a experiência for bem-sucedida, todos terminam vendo melhor.

O que é melhor? Ver aquilo que liberta, por exemplo, diminuindo sofrimentos ou permitindo encontrar soluções para problemas postos. Lamarck achava que o pescoço da girafa crescia de tanto ela espichá-lo para pegar as folhas das árvores mais altas, sendo que isso seria transmitido hereditariamente. O desenvolvimento da genética colocaria a teoria lamarckiana dos caracteres adquiridos e do uso e desuso por terra. No caso, melhor é a verdade. O avanço da genética, com a descoberta e o mapeamento dos genes, permite saber a causa de certas doenças e, algumas vezes, curá-las ou evitá-las. Surgem dilemas éticos, usos indevidos, tentações eugênicas, conflitos poderosos.

Com Edgar Morin aprendi que eu podia aprender sempre mais, mas que isso dependia de certas ousadias e de muitas reinvenções. Era necessário fazer escolhas pessoais, tomar decisões, bifurcar ou não, tomar gosto por ângulos diferentes das coisas. Aprendi que eu podia ensinar. Só que isso implicava aprender a aprender e aprender a ensinar para só depois ensinar a aprender. Se, no começo, isso me parecia um pouco como um joguinho de palavras, que eu mesmo queria cultivar, aos poucos outra visão se impôs. A lente já estava trocada e eu não havia percebido. As viagens de longo curso costumam resultar em troca de lentes. Não se volta o mesmo para casa. Os meus primeiros quatro anos na França abalaram muitas das minhas convicções e me fizeram ter alguns problemas ao voltar. Meu primeiro choque foi abrir o jornal *Libération* e constatar que o veículo estava apoiando uma greve de funcionários públicos. Eu jamais tinha visto um jornal brasileiro reconhecer a legitimidade de qualquer greve que fosse.

A minha primeira estada na Europa foi em Berlim, como bolsista do Instituto Goethe, com a queda do muro ainda fresca na memória de todos. Aproveitamos para viajar pela chamada Europa do Leste, conhecendo países que tinham vivido o "socialismo real", a fracassada utopia da União Soviética. Apesar de nunca ter sido marxista, apaixonado que era, quando estudante de história e de jornalismo na graduação, pelos anarquistas, como o alemão Max Stirner, foi um choque. Ao retornar ao Brasil, em 1995, aprendi rapidamente que precisava ajustar a minha lente. Num país que havia conhecido sua primeira eleição presidencial direta seis anos antes, em 1989, vencida por um neopopulista, Fernando Collor de Mello, depois de mais de duas décadas de ditadura, e que sofreria um impeachment por corrupção, eu estava mais focado na crítica ao stalinismo, ao sovietismo, como era o caso na Europa pós-queda do muro de Berlim. No Brasil, entretanto, o problema não era a esquerda, mas a direita, muito viva no imaginário social e na realidade cotidiana com seu legado autoritário. Só que eu tendia a traduzir cada manifestação de esquerda em termos europeus.

Por que falo disso? Porque me parece um bom exemplo de como, mesmo quando aprendemos, continuamos a ter de aprender sobre novos erros que se introduzem sorrateiramente em nossas estruturas de percepção. Acredito que de lá para cá a esquerda brasileira e eu aprendemos alguma coisa sobre o que aconteceu naquela época e ajustamos nossos óculos. O preço pago pelos erros pode ser enorme. A grande ousadia possivelmente esteja em não ter medo de assumi-los, o que implica, às vezes, uma lenta reflexão até que se chegue a compreender como tudo se passou. No primeiro momento, a racionalidade é obnubilada pelas racionalizações, que se apresentam como cavernosas verdades, fazendo das sombras dogmas tão rochosos quanto montanhas.

Nunca estamos prontos. As lentes que usamos não são as mesmas daqueles com quem convivemos. Podemos acreditar que estamos passando uma mensagem clara e, contudo, ser recebidos de outro modo. Como radialista, atividade que exerci por dezesseis anos, dez deles como apresentador de um programa diário de política, imaginava passar a imagem de pluralista, recebendo, junto com minha colega Taline Oppitz, convidados de todos os horizontes ideológicos. A direita, entretanto, me via cada vez mais como de esquerda. Esta, por sua vez, passou a ter a mesma leitura. Só eu não estava a par.

Um leitor implacável poderá rotular esses aspectos pessoais de digressões deslocadas que atrasam o desenvolvimento do tema proposto. Do meu ponto de vista, ajudam a pensar sobre o que Morin ensina nos seus livros e que eu pude compreender também nas diversas entrevistas que fiz com ele. Por exemplo, os autoenganos. Ousar ensinar, num tempo em que só aprender parece legítimo, pode ser um autoengano. Como assim? O autoengano de crer naquilo que dá sentido à minha existência. Valorizo tanto o ensinar por ser professor? Tenho medo de que essa profissão desapareça junto com tantas outras, tragada pelo self-service tecnológico e pelo avanço da inteligência artificial? Escrever este parágrafo exigiu alguma ousadia ou coragem, o atrevimento da exposição. Afirmo que não é o caso. Acredito que duas profissões têm muito futuro, a de jornalista e a de professor, mesmo que passando por grandes transformações.

Somos movidos por nossos cálculos, nossas apostas e nossas ilusões. Cálculos em excesso podem impedir certas aventuras. Ilusões incontidas podem levar a quebrar a cara. Não há medida para evitar acidentes. A dosimetria corre por conta de cada um. Ensinar e aprender dependem de investimentos existenciais e de motivações que não são encontradas em manuais. A primeira aprendizagem sobre ensinar é aquela que abre uma brecha no imaginário dominante: um compromisso com o descobrimento, do qual já falei, esse descobrimento de si e do outro, do mundo como construção social e da natureza com suas leis.

Ousar aprender socraticamente significa admitir que não se sabe. Não se sabe tudo, não se sabe muito, não se sabe o suficiente, não se sabe o necessário ou não se sabe coisa alguma. Nada mesmo. Não sei nada sobre as rosas, salvo que o mundo fica mais belo por causa delas. Pode não ser inédito nem sublime, mas é verdadeiro. Ousar ensinar pressupõe que se sabe alguma coisa e que se pode compartilhar esse saber com alguém. A ousadia pode passar por arrogância. A negação desse saber mínimo teria como consequência ética rejeitar a função. Aquele que aceita ensinar diz para quem quiser ouvir: eu sei algo, eu me preparei. Sabe, porém, que esse saber não é absoluto nem incontestável. Sabe que se não continuar aprendendo acabará por não saber mais. Sabe que será questionado, testado, vigiado, aferido.

Sabe que terá de analisar e de se reavaliar a todo instante. Ainda sabe o que sabia? Ainda sei o que sei? Aquilo que sei ainda é um saber válido? Como posso saber se o meu saber contribui para a felicidade dos que comigo se dispõem a aprender? Aquele que diz saber algo a ponto de se dispor a ensinar tem uma responsabilidade social. Cabe-lhe conhecer seus erros, identificar seus autoenganos, lidar com suas ilusões, estar pronto para a cada dia colaborar com a modesta grandiosa missão de lutar contra o erro e a ignorância. Aquele que sabe, mesmo pouco, pois o saber nunca é demais, sabe que o saber liberta. De tudo? Não. Depende do problema e do saber. Ainda não temos um saber que nos salve da morte. Nem um saber que explique a nossa emoção diante do sublime do crepúsculo ou das manhãs perfumadas. Ousar saber, aprender e ensinar é um aprendizado para a vida inteira. Foi isso que comecei a compreender naquela primeira entrevista com Morin e que sinto cada vez que converso com o professor Michel Maffesoli.

# 25
# Do conhecimento à sabedoria

O observador da marcha das ideias e das teorias nas humanidades pode, às vezes, ter a impressão de que andamos em círculos. Ou que tudo é cíclico. Os marqueteiros de hoje seriam os velhos sofistas ensinando a ganhar discussões e a atingir objetivos práticos. Os dialéticos seriam agora, como outrora, adeptos de pegadinhas intelectuais, um jogo em que para ganhar é fundamental fixar as regras e contar a história do seu ponto de vista. Depois de uma fase de hegemonia da educação clássica, humanista, voltada para a preparação do humano como ser, um retorno da formação utilitarista. A pós-modernidade, na qual se reconhece Michel Maffesoli, colocou sob suspeita as verdades modernas. Mesmo Jean Baudrillard e Edgar Morin, que nunca se disseram pós-modernos, argumentaram contra as pretensões universalistas de muitas verdades afirmadas no mercado das ideias.

Qualquer que seja a referência, dois fantasmas se reencontram: a verdade e a opinião. Se uns querem a verdade, outros indicam que não buscam tanto, ou não sempre, contentando-se com o convencimento e suas consequências. Ensinar ou aprender a convencer sem mentir não deixa de ser o grande desafio. Alguém poderá dizer que já se viu isso na contenda entre Platão e Isócrates, que Pagotto-Euzebio e Almeida retomaram com justeza em livro já citado. A noção de sabedoria está de volta como expressão de um saber-viver derivado da experiência: conter os excessos, não se tornar escravo dos desejos, evitar a dor, praticar a tolerância, a temperança, o respeito ao outro, ser comedido sem, contudo, impedir-se de correr certos riscos e de sentir emoções.

Nesse terreno, autores ditos de autoajuda oferecem soluções prontas e fazem sucesso na medida em que encontram um público que não quer mais do que isso. Outros, em contrapartida, querem mais ou oferecem mais, instigando ou instigando-se a não se contentar com receitas prontas. A diferença em relação a outros tempos talvez esteja na compreensão geral de que cada um tem direito a escolher o que lhe apraz, uma educação humanista integral ou uma formação para objetivos práticos, uma sabedoria para bem viver ou um conhecimento para tudo examinar criticamente, ferramentas para resolver problemas ou ideias para pensar o mundo, a existência, o ser e o estar em algum lugar.

A educação, então, tornou-se uma questão privada? Sim e não. Por um lado, a partir de certo patamar, cada um escolhe a caminhada que deseja realizar e os caminhos por onde se perderá ou ganhará a sua vida. Por outro lado, uma questão permanece ou ganha maior intensidade: o que a sociedade, enquanto promotora de políticas públicas, por meio do Estado, nos diferentes degraus, deve oferecer de comum a todos até certa idade e nível de formação? A resposta mais honesta é: depende. De que mesmo? Da época, das pessoas, das correntes políticas, dos governantes, dos projetos em disputa, do ar do tempo.

Não é difícil perceber que, com frequência, desponta uma aspiração à média: uma educação que prepare para a vida e para o trabalho, que forme cidadãos críticos e conscientes e pessoas aptas a entrarem sem dificuldade no mercado de trabalho. No

Brasil, a exemplo do que acontece atualmente em muitos lugares do mundo, as diferenças se acentuaram, como se indicou anteriormente. Confrontos ideológicos exprimem-se em questão de gênero e raça ou mesmo em questões como esta: o Brasil foi descoberto, invadido ou ocupado? Uma escola da complexidade e da diversidade, como se mostrou, não pode fugir do seu tempo nem das questões mais sensíveis. A escola, como bem público, precisa reconhecer a diversidade, amparar-se na complexidade e prestar um serviço ao bem comum: ensinar a conviver.

O que se quer? Conhecimento para viver melhor. Por óbvio que definir esse viver melhor não é tarefa simples e que sempre aparecerão perspectivas diversas e até conflitantes. Viver melhor, porém, dificilmente passará por aumentar a desigualdade gigantesca que separa os brasileiros. Viver melhor só poderá ter uma chance de acontecer com aumento da tolerância e da arte de se relacionar com os diferentes. O conhecimento precisa se transformar nessa sabedoria cotidiana. Não se viverá melhor com pessoas sentindo fome, desamparadas, abandonadas, desempregadas, com crianças fora da escola, sem creches bem aparelhadas, em guerra social acentuada por viés ideológico ou em clima crescente de ódio, o que tem aumentado nas redes sociais.

Essa sabedoria tão difícil de equacionar só pode se assentar em bases que alguns repudiarão como clichês: o amor é melhor do que o ódio, a união pode fazer a força, o diálogo deve prevalecer sobre as tentações para a violência, não pode haver paz social quando há milhões de excluídos, de oprimidos, de esquecidos da sorte. A sabedoria não é um clichê, mas um lugar-comum, lugar onde se pode viver em comunidade, compartilhando semelhanças e diferenças. Encontro, denominador comum, espaço de identificação naquilo que é comum a todos, a começar pela condição humana, e na aceitação das diferenças. A condição humana dá-se a ver a cada dia, a cada hora, a cada instante: precisamos comer, respirar ar puro, ter água potável para beber, meios de subsistência, remédios, cuidados na doença, amparo face à morte de um ente querido ou ao nosso medo de perecer.

Não é difícil encontrar os termos que nos unificam com nossos congêneres do mundo inteiro. A cultura separa. A humanidade nos aproxima. Nada, porém, na cultura exige afastamento. Às vezes, curiosamente, é preciso repetir, ou repetir-se, o óbvio para ver e sentir o quanto ele é compreensível. Antes de ir à China, eu me perguntava: como será a vida do outro lado do mundo, além disso, num país comunista? Minha experiência em países comunistas resumia-se aos escombros da Europa do Leste e a uma viagem a Cuba. Recebidos em Pequim por nossos alunos chineses, jovens que haviam estudado na Pontifícia Universidade Católica do Rio Grande do Sul graças a um convênio, descobrimos um mundo evidentemente fascinante. Tudo parecia tão diferente e tão parecido ao mesmo tempo. Por mais diferentes que sejam as culturas, a humanidade impõe pontos de contato, sem contar que muitas das soluções encontradas para resolver problemas cotidianos são iguais ou semelhantes, indicando que o leque de opções é finito ou que nossos cérebros tendem a funcionar de modo semelhante diante de desafios equivalentes, ainda que a natureza ofereça materiais singulares para a confecção dos instrumentos mais triviais.

Visitamos várias cidades chinesas. Em certas metrópoles, como Shangai, era possível sentir-se em muitos lugares ao mesmo tempo, de Manhattan, em algumas grandes avenidas com lojas de produtos de luxo, marcas internacionais existentes em qualquer shopping center, a pequenas e pacatas ruas com ar de cidades do interior de nossos Estados brasileiros.

O diferente pode assustar. Certa vez, em Budapeste, uma amiga começou a se sentir inquieta. Não se achava segura, queria que o tempo passasse logo para embarcar e reencontrar o seu lugar, que chamava de "meu cantinho ensolarado". A tensão foi aumentando até que ela se recusou a novos passeios. O transporte para o aeroporto sairia ao meio-dia. Ficamos esperando no McDonald's, único lugar onde se ela se sentia confortável. Detalhe altamente importante: ela não frequentava McDonald's nem gostava dos produtos desse gênero. Havia algo de errado com Budapeste? Claro que não. Ela mesma dizia que talvez fosse uma crise de ansiedade. Em todo caso, a estética globalizada e sem graça do McDonald's a acalmava. Atenção, era uma moça de muito bom gosto, que amava Dorival Caymmi e Tom Jobim.

As viagens me ensinaram muito sobre ser brasileiro. As multidões chinesas, típicas de um país com mais de um bilhão de habitantes, logo faziam pensar no quanto de disciplina e autocontrole pode ser necessário para a convivência diária. Massas de ciclistas nos semáforos me lembravam pássaros em revoada. Ao menor deslize, eu pensava, aconteceria um acidente de grandes proporções, com um efeito dominó interminável. No entanto, funcionava. Na véspera de um feriado fomos pegar o trem para a cidade de Confúcio, Qufu. Nunca mais vi tantas pessoas reunidas num mesmo lugar. Um mar de gente sentada no chão aguardando calmamente as partidas tardias. Liam, jogavam cartas, conversavam. Não, não pretendo pintar a China como um paraíso de calmaria sem voluptuosidade ou conflito. O que chamava a atenção era algo muito simples, que eu traduzia com uma palavra boba: funciona.

Quando eu dizia isso para minha orientanda, que adotara no Brasil o nome de Diana, ela ria. Com muita gentileza, perguntava: "Por que não funcionaria?". Eu ficava envergonhado.

Não sabia o que responder. Balbuciava: "tanta gente...". Ficava nisso. Posso também contar que fiquei chocado com o nível de poluição de Pequim. São Paulo me pareceu nessa época quase uma reserva ecológica.

Mas este livro não é um diário de viagens. Se conto o que conto é somente para dizer que aprendemos nos encontros e desencontros das culturas. Essa sensação eu tive nas montanhas do sul do Marrocos diante de um roseiral. De repente, eu me senti no pátio da minha casa de infância, em Palomas, no município de Santana do Livramento, na fronteira do Brasil com o Uruguai. Por que me senti assim? Ainda não sei. Havia algo de muito familiar que, apesar de todas as óbvias diferenças culturais, meu corpo captava.

Quando, porém, o ônibus em que viajávamos, no meio do nada, atropelou e matou uma pessoa, que surgiu de repente naquela estrada de deserto, onde cada coisa parecia maravilhosamente ocre, tudo se mostrou tristemente igual e profundamente diferente. A maneira de as pessoas chorarem me parecia totalmente nova e mais melancólica, elevando-se no cair da tarde uma mescla de oração e de soluços de alguns familiares, que finalmente chegaram, como se surgissem da areia ou das pedras, para reconhecer o corpo. A burocracia para levar o cadáver era a mesma do Brasil e não me parecia que pudesse ser diferente, apesar da vontade que sentíamos de sair daquele lugar.

A morte, ainda mais naquelas condições, nos aproximava fortemente, eu diria que nos irmanava em nossa condição humana, mesmo com minha formação cultural cristã transbordando como suporte para minha angústia, enquanto a religião islâmica do lugar ajudava as pessoas dali a se mover naquela cena de desespero. Historiador, jornalista, doutorando em sociologia, escritor, enfim, eu era apenas um homem, um ser humano dividindo com outros seres humanos uma dor que subitamente era minha, era nossa, também. Anos depois, refletindo sobre esse episódio, que ainda me marca, cheguei à conclusão de que foi um aprendizado da importância do diálogo intercultural. Uma escola da diversidade não pode ignorar nossa unidade na condição humana.

Conhecimento nem sempre basta. Em certos momentos, o que conta mesmo é a sabedoria, um modo de estar no mundo que pode comover.

Outras palavras, mesmos conceitos. O conhecimento pode ser abstrato, analítico e explicativo. A sabedoria, empática e concreta.

Passar do conhecimento à sabedoria é traduzir conteúdo em forma, repertório em prática, informação em esperança, abstração em vida.

## 26
# DA REVOLUÇÃO À METAMORFOSE

Se Paulo Freire queria a revolução, Edgar Morin converteu-se à metamorfose. Para o brasileiro, "o esforço revolucionário de transformação radical" não poderia ter "na liderança, homens do que fazer, e, nas massas oprimidas, homens reduzidos ao puro fazer".[1] Interessante ver que, mesmo tendo a revolução marxista como ideal, a percepção se mantém: não é possível considerar adequado dividir a sociedade entre pensantes e pensados, oprimidos e opressores, protagonistas e coadjuvantes, conduzidos e condutores. Para Freire, caminho, caminhada e destino se confundiam num mesmo movimento a ser realizado pela "revolução autêntica": "transformar a realidade que propicia este estado de coisas desumanizante dos homens".[2] Sem dúvida, continua sendo fundamental essa transformação capaz de alterar uma realidade na qual o ser humano é desumanizado, coisificado.

A revolução autêntica, contudo, pode ser outra: a metamorfose que reinventa o humano e o seu mundo. Pode-se humanizar o capitalismo? Edgar Morin deixa entrever que sim. Como? Na social-democracia. Para Freire, havia um "humanista

---

1. FREIRE, 2000, p. 77.
2. FREIRE, 2000, p. 80.

científico"³, com papel relevante na saga do sujeito universal da história, o proletariado oprimido. O trabalho dessa classe social apressaria o parto da revolução emancipadora, fazendo o novo nascer da velha e superada sociedade.⁴ Tudo parece previsto para Freire. É questão de tempo, consciência e luta: a revolução instaura o diálogo, rompendo com a tradição antidialógica da manipulação pela educação e pela mídia, sem esquecer que "se todo desenvolvimento é transformação, nem toda transformação é desenvolvimento".⁵ Para o grande pensador brasileiro só interessava a transformação revolucionária que resultaria na morte do capitalismo. Era tudo ou nada: "A revolução é biófila, é criadora de vida, ainda que, para criá-la, seja obrigada a deter vidas que proíbem a vida. Não há vida sem morte, como não há morte sem vida, mas há também uma 'morte em vida'. E a 'morte em vida' é exatamente a vida proibida de ser vida."⁶ Edgar Morin, citando Heráclito, também fala disso:

> Viver de morte, morrer de vida, enunciou Heráclito. A vida deve pagar duplo tributo à morte para subsistir e desabrochar. Bichat definia a vida como o conjunto das funções que resistem à morte. Precisamos completar e tornar dialético o seu enunciado: "A vida resiste à morte utilizando a morte". Há, ao mesmo tempo, luta mortal e cópula entre Eros e Tânatos. Daí a trajetória frágil, acidentada, dolorosa, da religação no universo.⁷

---

3. FREIRE, 2000, p. 83.
4. FREIRE, 2000, p. 84.
5. FREIRE, 2000, p. 99.
6. FREIRE, 2000, p. 106.
7. MORIN, 2007, p. 34.

O sentido, porém, parece ser bem outro. Uma geração suplanta a anterior, uma tecnologia vence ou desloca a precedente, uma forma de organização sofre alterações, aperfeiçoamentos, correções, ajustes. O novo se alimenta do velho, transformando-o. Para o novo nascer é preciso que o velho desapareça, totalmente ou em parte, abrindo espaço para o que o substitui. O novo em educação alimenta-se daquilo que Paulo Freire semeou, mas já não pode ser colhido exatamente como ele pretendia. Talvez o grande Paulo Freire tenha sido, no seu mais famoso livro, aquele que está em foco aqui, metafórico sem o pretender. Montaigne, que se inspirava nos grandes pensadores latinos, dizia ao leitor que "morrer é a própria condição de vossa criação, a morte é parte integrante de vós mesmos".[8]

O choque entre Edgar Morin e o Partido Comunista Francês (PCF), em 1951, bem antes mesmo das revelações sobre os horrores do stalinismo, acontecidas em fevereiro de 1956, fizeram a caminhada do jovem francês, resistente ao invasor nazista, ser bastante peculiar.

O relatório Kruschev denunciando o poder de Stalin me deu alguma esperança por um tempo em um comunismo liberal, mas a repressão da revolução húngara de 1956 realizou a ruptura final. Foi total e me ensinou duas das minhas verdades. A primeira: a experiência da minha temporada em Stalinia foi decisiva para eu entender como funcionam as mentes fanáticas e para que eu me tornasse alérgico a elas. A segunda me permitiu entender que eu era fundamentalmente direitista e esquerdista. Direitista, ou seja, resolvido a nunca mais sacrificar a ideia de liberdade. Esquerdista, ou seja, não mais convencido da necessidade de uma revolução, mas da possibilidade de uma metamorfose.

8. MONTAIGNE, 1996, p. 102.

Finalmente, a minha desmistificação permitiu-me regenerar a minha concepção de esquerda, que a meu ver deve sempre beber simultaneamente em quatro fontes: a fonte libertária para o desenvolvimento dos indivíduos, a fonte socialista para uma sociedade melhor, a fonte comunista para uma sociedade fraterna, a fonte ecológica para melhor integrar o homem na natureza e a natureza no homem.⁹

O pensamento de Paulo Freire obviamente não era fanático. Ao definir a crítica como seu fundamento, pressupõe a crítica da crítica e a autocrítica, com a problematização do problematizador e da sua própria teoria. Edgar Morin não desistiu da crítica ao capitalismo nem das suas inspirações socialista e comunista, sem esquecer tampouco sua valorização da democracia liberal. No longo parágrafo citado acima há uma passagem que cabe destacar, realçar, citar de novo: "Esquerdista, ou seja, não mais

---

9. MORIN, 2021, p. 100-101: *"Le rapport Khrouchtchev dénonçant le pouvoir de Staline me rendit un temps quelque espoir en un communisme libéral, mais la répression de la révolution hongroise de 1956 accomplit la rupture finale. Elle fut totale et elle m'enseigna deux de mes vérités. La première: l'expérience de ma saison en Stalinie a été décisive pour que je comprenne comment fonctionnent les esprits fanatiques et que j'y devienne allergique. La seconde: elle m'a permis de comprendre que j'étais fondamentalement droitier et gauchiste. Droitier, c'est-à-dire désormais résolu à ne plus jamais sacrifier l'idée de liberté. Gauchiste, c'est-à-dire désomais convaincu non plus de la nécessité d'une révolution, mais de la possibilité d'une métamorphose. Enfin, ma démythification m'a permis de régénérer ma conception de la gauche, qui à mon sens doit toujours puiser simultanément en quatre sources: la source libertaire pour l'épanouissement des individus, la source socialiste pour une société meilleure, la source communiste pour une société fraternelle, la source écologique pour mieux intégrer l'humain dans la nature et la nature dans l'humain".*

convencido da necessidade de uma revolução, mas da possibilidade de uma metamorfose". Aí se dá uma separação tectônica entre Paulo Freire e Edgar Morin. A educação na escola da complexidade não busca a revolução, mas a metamorfose.

Em 1993, ajudei a organizar um pequeno livro, *A decadência do futuro e a conquista do presente*, depois que, com a pedagoga Esther Grossi e o cientista político Fernando Schuler, trouxemos a Porto Alegre Michel Maffesoli, Jean Baudrillard e Edgar Morin juntos para um grande evento, com esse mesmo título, no centro cultural Usina do Gasômetro. Morin contribuiu com um texto que havia publicado antes no jornal francês *Le Monde*: "O pensamento socialista em ruínas". Um balanço corajoso e sem concessões: "Hoje, o problema não é mais saber se a 'doutrina' marxista está morta. É reconhecer que os fundamentos cognitivos do pensamento socialista são inadequados para compreender o mundo, o homem e a sociedade." Sobressai a expressão "fundamentos cognitivos". Por que mesmo haveria essa inadequação? Porque, sustentava Morin, "para Marx a ciência trazia a certeza" e agora sabemos que "as ciências trazem certezas locais, mas também que as teorias são científicas na exata medida em que são refutáveis, isto é, não certas". Portanto, segundo o teórico da complexidade, "para Marx, a certeza científica eliminava a interrogação filosófica". Por fim, dizia Morin, "para Marx, o mundo era determinista". Karl Marx acreditava "ter descoberto as leis do devir", sendo que, enfatizava Edgar Morin didaticamente, para não deixar dúvidas, "as ideias de autonomia e liberdade são inconcebíveis na concepção determinista".[10]

---

10. MORIN, Edgar. *In:* MORIN, Edgar; BAUDRILLARD, Jean; MAFFESOLI, Michel. *A construção do presente e a decadência do futuro*. Florianópolis: Editora da UFSC, 1993, p. 21-22.

Se os ideais de fraternidade do socialismo continuam a ser inspiradores, o determinismo marxista não cabe na metamorfose cognitiva da complexidade. Organizei, em honrosa parceria com Joaquim Clotet, então reitor da Pontifícia Universidade Católica do Rio Grande do Sul, outro livro com Edgar Morin: *As duas globalizações*. Era a última parte da homenagem que a PUCRS prestou a Morin atribuindo-lhe, por iniciativa do Programa de Pós-Graduação da Faculdade de Comunicação (Famecos), em 2000, o título de Doutor Honoris Causa. No texto "As duas globalizações: comunicação e complexidade", Morin vê nas ideias de socialismo, como princípio comunitário, e de emancipação as bases fundamentais que "os seres humanos têm de si mesmos".[11] Na sequência, trata do desvirtuamento dessa ideia na União Soviética.

Este não é um manifesto contra o marxismo nem um estudo sobre o fracasso do chamado socialismo real na Europa do Leste. Se o tema aparece é para situar a passagem da ideia de revolução à de metamorfose na compreensão moriniana da complexidade cognitiva. A educação na complexidade continua a ser um processo de emancipação, de libertação e de ruptura, mas não como o destino inexorável de uma estrutura determinista fadada a desembocar na estação final de uma evolução dialética e histórica. Morin não pode estar errado? Claro que sim. A cada um cabe julgar. Convencimento e consequência. Um leitor atento dirá que comparo muitos momentos de Edgar Morin com um único de Paulo Freire. É verdade. Percebo muito de Freire em Morin, assim como algo de Morin em Freire.

---

11. MORIN, Edgar. *In:* SILVA, Juremir Machado da; CLOTET, Joaquim (orgs.). *As duas globalizações: complexidade e comunicação, uma pedagogia do presente*. Porto Alegre: Edipucrs, 2001, p. 54.

Cruzo, contudo, aquilo que se cristalizou na trajetória dos dois: certo estilhaço em Morin; o núcleo de Freire.

Não comparei para fazer Morin negar Freire, a quem também admiro. Sugiro substituir em Freire o termo revolução por metamorfose e quase tudo continua válido. A metamorfose não deixa de ser uma revolução. A transformação da crisálida em borboleta é umas mais belas revoluções da natureza. Temos de revolucionar o conceito de revolução para que ele faça sentido como metamorfose regeneradora.

# 27
# Ameaças tecnológicas: o caso GPT

As metamorfoses não se escondem mais para acontecer. A escola é um canteiro de obras, um terreno sendo revolvido a cada momento. Nada do que era sólido se mantém intocável. Possivelmente sempre tenha sido assim. Há, porém, aceleração no ar. Meios e fins exigem novas discussões para que sejam validados ou não. Como se disse, há quem defenda o recuo para o ensino mínimo indiscutível: matemática, línguas e ciências. Todo mundo continua precisando saber ler, escrever, calcular e ter noções básicas de ciência. O domínio de línguas estrangeiras como ferramenta essencial de interação parece fadado ao desaparecimento. A tecnologia, que já permite traduções instantâneas de ótima qualidade, caminha para a perfeição, permitindo entender e responder em tempo real por meio de um aplicativo de tradução. O que permanecerá daquilo que tem sido o cotidiano de professores e alunos?

Se antigos filósofos gregos desconfiavam da escrita, as salas de aula e as escolas deste século XXI talvez tenham de renovar essas suspeitas. Boa parte do sistema de avaliação escolar está baseado em textos. Por exemplo, monografias, dissertações e teses. Acontece que a Inteligência Artificial já consegue produzir textos, com aplicativos ao alcance da mão, capazes de superar os de muitos seres humanos e de confundir os avaliadores mais rigorosos. Um exemplo muito em discussão no mundo inteiro no começo de 2023 foi o GPT, ou ChatGPT, desenvolvido pela OpenAI.

O jornalista Stephen Marche publicou um artigo na revista *The Atlantic* sobre essa novidade com impacto nas salas de aula e nos programas de pós-graduação. Foi meu primeiro contato com essa tecnologia, o GPT-3, que já fascinava muita gente mundo afora. Ele começa com uma provocação. Um texto com toda cara de trabalho acadêmico:

> A construção de "estilos de aprendizagem" é problemática porque não leva em conta os processos pelos quais os estilos de aprendizagem são moldados. Alguns alunos podem desenvolver um estilo de aprendizagem particular porque tiveram experiências particulares. Outros podem desenvolver um estilo de aprendizagem próprio tentando se adaptar a um ambiente de aprendizagem que não seja adequado às suas necessidades de aprendizagem. Em última análise, precisamos entender as interações entre os estilos de aprendizagem e os fatores ambientais e pessoais, e como eles moldam a forma como aprendemos e os tipos de aprendizagem que experimentamos.[1]

Gostou, leitor? Foi escrito por um robô. O articulista especula sobre a nota que seria atribuída a esse trabalho se fosse entregue em alguma disciplina acadêmica. Seja qual for a nota, máxima ou quase isso, há bode na sala. Estudantes vão cada vez mais utilizar a inteligência artificial para produzir seus artigos.

---

1. MARCHE, Stephen. "O GPT-3 desafia a inércia acadêmica". Reproduzido em *Newsletter IHU*. São Leopoldo: Unisinos, 17 de janeiro de 2023. Disponível em: https://ihu.unisinos.br/categorias/625602-o-gpt-3-desafia-a-inercia-academica

Resenhas de livros, quando feitas em casa, trazem, com frequências, parágrafos inteiros copiados da internet ou até mesmo a integralidade do texto. Revistas acadêmicas submetem tudo o que recebem para publicar a aplicativos espiões, antiplágio. Como detectar o que não é plágio, mas obra de inteligência artificial? Marche cita o caso de um estudante que justificava seu recurso à IA sob alegação de que era bom aluno, mas não era forte em escrever textos. Será o declínio definitivo do modelo secular das humanidades diante do avanço tecnológico inexorável?

Stephen Marche reflete: "Os trabalhos escritos, em particular na graduação, têm sido um elemento central da pedagogia das áreas de humanas por gerações". Desde tempos imemoriais, caso seja possível falar assim. Ele continua: "É a maneira como ensinamos as crianças a pesquisar, pensar e escrever. Toda essa tradição está prestes a ser interrompida desde o início". Estamos diante de uma tragédia, que sepultará uma cultura de avaliação escorada no tempo e num tipo de civilização? Voltaremos ao oral? Valorizaremos a criatividade e a capacidade de interpretação em tempo real? As avaliações escritas estão com os dias contados? Um mundo chega ao fim? O que surge? O artigo de Marche põe mais algumas pulgas atrás de nossas orelhas:

E agora há o **GPT-3**. O processamento de linguagem natural apresenta às áreas de humanas na universidade toda uma série de problemas sem precedentes. Questões práticas estão em jogo: os departamentos de humanas julgam seus alunos de graduação com base em suas redações. Confere-se um título de doutor com base na redação de uma tese. O que acontece quando ambos os processos podem ser significativamente automatizados? Pela minha experiência como ex-professor de **Shakespeare**, imagino que levará

10 anos para a universidade enfrentar essa nova realidade: dois anos para os alunos descobrirem a tecnologia, mais três anos para os professores reconhecerem que os alunos estão usando a tecnologia, e depois cinco anos para que os administradores universitários decidam o que fazer a respeito, se é que devem fazer alguma coisa. Os professores já estão entre as pessoas mais sobrecarregadas e mal pagas do mundo. Eles já estão lidando com uma humanidade em crise. E agora isso. Eu sinto por eles.

Será que levará tanto tempo assim? Não seria melhor reduzir a previsão para seis semanas? A reação foi imediata. Certamente a tecnologia venderá às escolas ferramentas para detectar textos produzidos por IA. Um exemplo seria o GPTZero. Outro, recursos anti-IA com ferramentas antiplágio disseminadas, como Turnitin. Restará ainda um bom problema a resolver. Se a IA faz textos melhores que os dos alunos de carne e osso, não seria melhor dispensar os alunos e ficar com os robôs? A pergunta é obviamente provocativa. Em princípio, a inteligência artificial recicla o que recebe dos seres humanos e guarda no seu banco de dados, na sua memória infinita. Se dissermos: "Quando certa manhã Gregor Samsa acordou de sonhos intranquilos, encontrou-se em sua cama metamorfoseado num inseto monstruoso...", o robô nos fornece a *Metamorfose* de Franz Kafka inteira. A mente humana deve ser provocada a produzir o novo. Mais do que a memória e o cruzamento de fontes, deve prevalecer a criatividade no tratamento de dados. Será o fim da escrita como método fundamental de avaliação?

A um cineasta que se propunha a fazer um filme no lugar da tese, o orientador apresentou uma contraproposta: "Aceito, se eu puder apresentar uma tese num Festival de Cinema". Não rolou. Era o discurso artístico contra o discurso racional argumentativo. Cada um com suas regras. No basquete, mão na bola é a norma. No futebol, é infração, salvo se a mão for do goleiro e dentro da sua área. O GPT-3 indica que será cada vez mais fácil trapacear. A academia precisará de VAR, o recurso de imagens usado por árbitros para conferir lances do futebol. Foi ou não falta dentro da área? Isso é humano ou artificial?

Assim como existem esportes radicais com ou sem rede de proteção, talvez o estudante se proponha a testar o seu cérebro sem ajuda de inteligência artificial. A respeito das tentações de alterar artificialmente a genética humana, o que William Bateson disse vale como uma advertência diante do uso de qualquer novidade científica ou tecnológica, por mais perigosa que ela seja: "Quando o poder é descoberto, o homem sempre recorre a ele".[2] O fruto proibido é sempre colhido. Nada mais sedutor do que a tentação. Como dizia o Conselheiro Acácio, personagem de Eça de Queirós, sempre citado pelo jurista gaúcho Lenio Streck, "as consequências vêm sempre depois".

Se a escola da memória entregou os pontos, levando com ela a decoreba e a confusão entre capacidade de memorização e inteligência, parece que também a hegemonia do escrito como prova de conhecimento recebe sinal amarelo. Uma leitura oposta pode sugerir que a memória voltará em avaliações sem direito à conexão com a internet ou a qualquer recurso tecnológico capaz de ampliar o cérebro natural. Poderá até acontecer, mas será algo como tentar evitar que Adão e Eva enxerguem a maçã e seus próprios corpos. O desafio não é impedir o acesso ao que está disponível, mas saber o que fazer com ele. Conhecemos pintores de cópias capazes de fazer uma Mona Lisa de deixar

---

2. *Apud* MUKHERJEE, 2016, p. 83.

Leonardo da Vinci de boca escancarada. Qual o valor disso? Nenhum. Nenhum valor artístico.

Cada vez mais o cérebro humano está dispensado de ser arquivo de informações. Em contrapartida, não funciona em alta voltagem se não for constantemente alimentado por poderosos estímulos. Boa parte dos debates, mesmo acadêmicos, tem seu vencedor aclamado a partir da sua erudição, medida, em geral, pela capacidade de lembrar o que diz na página X do pensador Y, o que coloca o oponente em situação de desconhecimento. Na época do 5G pleno, a consulta a dispositivos tecnológicos será tão rápida que permitirá refutar, em segundos, afirmações apresentadas como verdades de erudição. Os debates esportivos são baseados em retórica, efeitos de inteligência e memória, em que um erro equivale a "não entender de futebol", terrível anátema num campo em que para "entender" basta gostar e acompanhar, sendo que mesmo um Pelé errava nas análises e nas previsões. Pois neles um efeito que causa boa impressão é citar de memória a escalação de um time, digamos, em 1930. Sabe-se hoje, graças ao Google, que muitos erros se introduzem nessas lembranças eruditas.

O GPT vai acabar com as teses de doutorado escritas e amparadas em muitas citações, o que faz parte da estrutura desse gênero, assim como o duelo faz parte da estrutura do gênero faroeste no cinema clássico de entretenimento? Talvez o GPT e seus congêneres venham revalorizar as defesas de tese, momento de apresentação e argumentação oral. Essas defesas foram ficando cada vez mais protocolares, até porque se o trabalho não está adequado para aprovação, não é levado a banca. Quem sabe o escrito se tornará apenas a base para arguições e sustentações orais mais robustas, como num júri popular em que defesa e acusação duelam por horas a fio!

Em pouco tempo, a mídia ficou inundada de textos sobre o fascinante ChatGPT. Tragédia ou oportunidade? Depende. O otimista costuma lembrar o personagem de Voltaire para quem o nariz havia sido criado para segurar os óculos. Nem toda crise é realmente oportunidade. Nem toda oportunidade precisa de uma crise para existir. Já o pessimista é aquele personagem que, diante da iminência da própria morte, diz ao médico: "Acho que não vai dar, não sei se vou conseguir". Se há crise, claro, cabe tirar proveito disso e encontrar soluções. Como diz a canção do genial Belchior, que inteligência artificial alguma substitui, "é você que ama o passado/e que não vê/que o novo, o novo sempre vem". Nem todo novo, porém, é bom por definição. Pode ser bom para alguns e ruim para outros. Pedir àquele que vê a atividade da sua vida atropelada que aplauda a tecnologia que o desempregou é sadismo. Mais eficaz é, como diz a linguagem coloquial, ficar antenado e se antecipar ao novo, que dá sinais de erupção, esse novo que vem para ficar, até ser superado pelo mais novo, que sempre vem também.

Não adianta se apegar ao mimeógrafo ou ao fax alegando que cumpriram a função a que serviam e que fomos felizes e infelizes, como agora, quando eles eram tecnologia de ponta. Já era. Exagero? Claro. Um pouco de caricatura ajuda a perceber os traços fortes desse novo que chega. Como diz outra canção, na voz do grande Milton Nascimento, "sei que nada será como antes amanhã". Nem tudo, porém, morrerá. Nós, seres humanos, continuamos dispostos a aprender e a ensinar.

O GPT-3 estourou já sob o anúncio do GPT-4. Na primeira versão, porém, a inteligência artificial cometia muitos erros factuais à altura de nossa estupidez natural. Para ela, por exemplo, o escritor José de Alencar não havia sido político nem se poderia afirmar que tenha sido favorável à escravidão. GPT-3 não passaria de ano. Não nascera, contudo, para ser Google e dar respostas certas a tudo. Era o inteligente sem cultura ou com pouca informação confiável armazenada, apto a organizar bem aquelas que lhe fossem oferecidas. O próprio Google reagiu anunciando Bard, que deveria ter inteligência e memória, capacidade de raciocínio e cultura geral. A famosa Lei de Moore, de 1965, segundo a qual a capacidade de processamento de microchips dobrava a cada ano, sem aumento de custos, estaria sendo amplamente superada pelo avanço da inteligência artificial, cuja capacidade estaria dobrando a cada seis meses. Os custos, porém, não param de crescer, nem a demanda de espaço físico.

Sobre a DeepMind, "braço do Google para inteligência artificial", escreveu Yujia Le na revista *Science*: "Para treinar e avaliar nosso maior modelo foram precisos 2.149 petaflops-dia e 175 Megawatts-hora, o equivalente a 16 vezes o consumo de energia de uma casa de família americana por um ano todo".[3] Isso é muito?

O tempo dirá. Não existe inteligência grátis.

O futuro é questão de geração.

---

3. Ver: "É o fim da Lei de Moore? Inteligência artificial como a do ChatGPT desafia os limites da física", artigo de Rafael Garcia. Acesso em: 8 de fevereiro de 2023. Disponível em: https://oglobo.globo.com/economia/tecnologia/noticia/2023/02/e-o-fim-da-lei-de-moore-inteligencia-artificial-como-a-do-chatgpt-desafia-os-limites-da-fisica.ghtml

## 29

# COMPLEXIDADE E DIVERSIDADE

O que fazer do humano? Eis a questão do nosso tempo. Não se trata de definir o humano. Nem mesmo de sabermos se o homem morreu ou se foi superado pelo pós-humano ou qualquer outra denominação. O fato é que existe um ser cujas características permitem que seja classificado como humano, por comparação com outras espécies. Um ser capaz de produzir música como Beethoven – eu prefiro suas sonatas –, pintura como Michelangelo, Leonardo da Vinci, Picasso, Van Gogh, jogar futebol como Pelé, Garrincha, Maradona, Messi, escrever como Shakespeare, Balzac, Proust, Borges, Machado de Assis, gerar culturas como as dos povos originários do Brasil, lembrar-se do que viveu, projetar o futuro.

Educar nunca deixou de ser preparar para a vida. Qual vida? A vida de cidadão ou a vida do trabalho. Preparar pelo dever ou pela sedução? Montaigne termina seu ensaio "Da educação das crianças" com deliciosas ironias e adequadas recomendações: "Direi que o melhor é atrair a vontade e afeição, sem o que se conseguem apenas asnos carregados de livros. Dão-lhes a guardar, com chicotadas, um saco de ciência, a qual, para que seja de proveito, não basta ter em casa: cabe desposar."[1] A inteligência artificial serve melhor de suporte para a incomensurável carga

---

1. MONTAIGNE, 1996, p. 174.

de informações hoje disponível. Formar "asnos carregados de livros" à base de chicotadas nem é mais, felizmente, opção disponível. Resta, pela afeição, apaixonar o aluno pelo conhecimento. Para que mesmo? Para a vida, seja qual for, a vida pós-trabalho, pós-utopia, pós-fordismo, pós-revolução, pós-tudo.

O dilema atual está plasmado num já velho poema concreto, "Pós-tudo", de Augusto de Campos, síntese de uma expectativa insaciável:

>                QUIS
>         MUDAR   TUDO
>         MUDEI   TUDO
>         AGORAPÓSTUDO
>               EXTUDO
>              MUDO[2]

Mudar, mudamos. Quisemos tudo, nada menos. Agora, depois de tudo, estudamos, sendo que, em silêncio, sabemos que já não somos, nem seremos, o que fomos e o que quisemos. Seremos o quê? Não sabemos. Temos algumas pistas. Queremos, acima de tudo, ser felizes. O que é isso? Ter mais prazer do que sofrimento, alcançar o que desejamos, numa concepção ética, sem pisar nos outros. O que esperamos da escola e do conhecimento? Que nos ajudem a realizar esse projeto. Almejamos bastante, mas já não tudo. Não queremos, salvo em casos muito pessoais, um conhecimento meramente contemplativo.

---

2. Esse famoso poema visual, de 1984, pode ser encontrado em sua forma de cartão-postal, com as palavras grafadas em forma de espiral vertiginosa, em muitos lugares na internet. Um exemplo: http://www.arte.seed.pr.gov.br/modules/galeria/detalhe.php?foto=301&evento=1. (Acesso em: 23 de janeiro de 2023.)

A filosofia dos gregos antigos e a sabedoria dos latinos estavam interessadas na vida concreta. A filosofia acadêmica tornou-se uma metafilosofia, um jogo de erudição que faz possivelmente a felicidade dos que se dedicam a ele, mas parece bem distante da vida concreta com sua poesia direta, suas esquinas, sua fuligem e seus projetos abandonados pelo caminho.

O eterno Montaigne observava com humor que quem se faz acompanhar de grandes pensadores precisa "ter rins sólidos para andar em companhia dessa gente".[3] Ele dizia estar ciente "da diferença que existe entre mim e eles". Faço inteiramente minhas as palavras dessa citação. Escolho andar acompanhado por grandes, com os quais não ombreio nem me meço. Inspiro-me. Instruo-me. Cada qual com seu método. Montaigne brincava: "Crisipo misturava aos seus livros não somente trechos, mas também obras inteiras de outros autores, e em um de seus trabalhos se acha reproduzida 'in extenso' a 'Medeia' de Eurípides". Não é genial? Ele completava: "E dizia Apolodoro que se lhe cortassem o alheio ficava o papel em branco". Não é de morrer de rir? Eu rio quando aprendo. O saber para Montaigne era leve: "Epicuro, ao contrário, nos trezentos volumes que deixou nunca pôs uma citação".[4]

Umberto Eco destacou a estratégia de citação do erudito medieval: "O estudioso medieval finge sempre não ter inventado nada e cita continuamente uma autoridade precedente". Legitimação pela autoridade do saber: "Serão os padres da Igreja oriental, será Agostinho, serão Aristóteles ou as Sagradas Escrituras ou estudiosos de apenas um século antes". Citar era proteger-se de si mesmo: "Mas nunca nada de novo deve ser sustentado a não ser fazendo com que apareça como que já dito

---

3. MONTAIGNE, 1996, p. 148.
4. MONTAIGNE, 1996, p. 148.

por outrem que nos precedeu".[5] Educar não pode se resumir a fornecer a chamada bagagem de citações para as "despesas de conversação", conforme a ironia de Machado de Assis em *Memórias póstumas de Brás Cubas*: "Embolsei três versos de Virgílio, dois de Horácio, uma dúzia de locuções morais e políticas, para as despesas da conversação. Tratei-os como tratei a história e a jurisprudência. Colhi de todas as coisas a fraseologia, a casca, a ornamentação".[6]

O descompasso entre escola e estudantes não é, portanto, novo. Tantas citações podem assustar o leitor desta era de imagens? Agora é tarde; se Inês não está morta, as páginas passaram. Não são citações para legitimação por autoria, ainda que suas posições no mercado das ideias e reputações não possam ser negadas. Servem, porém, aqui apenas para alavancar as discussões e destacar que nada começou ontem. Dito isso, o foco agora é: o que fazer do humano no pós-antropoceno? Como educá-lo para a sua realidade, seus novos imaginários, seu desejo de felicidade, sua perplexidade diante de um mundo hipercomplexo? O que pode esse humano ainda esperar? O que lhe é de fato devido?

Talvez esteja chegando o tempo em que o humano estará, enfim, livre para se dedicar às delícias da educação. Na Grécia, mesmo em Atenas, democracia exclusiva, a educação não era para todos e isso não era visto necessariamente como um problema. No capitalismo, ela obedece, como se viu, a um sistema de hierarquia social e econômica. O passado, porém, já não for-

---

5. ECO, Umberto, "A nova idade média". *In: Viagem na irrealidade cotidiana*. Rio de Janeiro: Nova Fronteira, 1984, p. 91.
6. ASSIS, Joaquim Maria Machado de. *Memórias póstumas de Brás Cubas*. M. Jackson: Rio de Janeiro, São Paulo, Porto Alegre, 1957, p. 100.

nece um modelo capaz de satisfazer aspirações do presente e expectativas de futuro. Se o novo sempre vem, o atual ainda está em construção. Um leitor assertivo poderá incomodar-se ao ler "talvez" em lugar de algo mais afirmativo. O tempo das previsões categóricas também expirou por decurso de prazo. A relativização é de bom tom, sendo dispositivo retórico em alguns casos, dependendo das forças dos contextos e dos argumentos.

Complexidade e diversidade não rimam com determinismo e certezas. Não se trata meramente de proteção contra possíveis erros, que podem ser corrigidos, mas de uma maneira relativista de ver as coisas. Contava-se que um homem tinha tantas certezas, todas tão lógicas e evidentes, que morreu afogado nelas por se recusar a rever seus conceitos e cálculos. Educar não é distribuir camisas de força sob medida. Mesmo que existam ainda uniformes escolares, o objetivo não pode ser uniformizar. Uma base comum de conhecimento, contudo, tem de fazer (e faz) parte das metas da educação pública. Complexificar significa também contemplar o local, o regional, o nacional e o global, o singular e o universal, o individual e o coletivo. Se o ilógico perturba, nem tudo o que é lógico serve como prova de verdade. A lógica aristotélica exigia um "motor primeiro", aquele que move sem ser movido. Para a ciência essa lógica não prova a existência de deus.

Os grandes pensadores do passado, mesmo que os tomemos como aliados, não nos protegem da corrosão do presente e da incredulidade das pessoas. Nenhum sistema filosófico dá conta de tudo. A crença nos grandes modelos explicativos totais jaz em meio aos escombros das maiores utopias intelectuais da história. Essas construções, verdadeiros experimentos mentais engenhosos e fastidiosos, podiam ser tão completas que simplificavam para não desmoronar. Não havia brechas para o acaso ou até o imprevisto estava de antemão incorporado ao sistema como um dos seus dispositivos. Não se podia comprar uma parte do empreendimento. Era tudo ou nada. Aos descrentes, a exclusão.

A palavra de ordem agora é inclusão. Não só no sentido fundamental da aceitação dos diferentes ou dos até agora discriminados. Uma outra vertente requer atenção: incluir o oponente. Eis o ponto controvertido. Conviver com o intelectualmente diverso, em "harmonia conflitual", para usar um oximoro caro a Michel Maffesoli. Preciso daquele que me nega. Necessito da minha dose cotidiana de oposição. Penso melhor na medida em que alguém pensa contra mim. Se o erudito medieval se protegia fazendo parecer que só pensava o que já havia antes sido pensado, simulando tão bem que realmente chegava a só pensar o que os mestres do passado haviam pensado antes, o humano de hoje não pode mais negar que faz parte de uma relação contínua, de uma cadeia de sistemas incompletos e falhos, de hipóteses e probabilidades, cuja complexidade reside na diversidade, nenhum elo podendo ser negado em nome da coerência interna de uma visão de mundo.

Não voltaremos a ser como os gregos antigos e nisso há perdas e ganhos. A nostalgia e a ideia de um paraíso perdido não costumam ser bons conselheiros. Werner Jaeger, em *Paideia, a formação do homem grego*, anota: "Platão sabe que não há nenhum campo em que seja mais difícil agir sobre a vida por meio de leis gerais que o da educação. É na casa e na família que uma grande parte da paideia se efetua, furtando-se assim à crítica pública".[7] Não se pode afirmar que atualmente a família predomine sobre o público. As crianças e os jovens passam

---

7. JAEGER, Werner. *Paideia, a formação do homem grego*. São Paulo: Martins Fontes, 1975, p. 1348.

parte considerável do tempo disponível em escolas ou sob influência da mídia, da indústria do entretenimento, da internet e dos games. A dificuldade de fazer leis gerais que incidam sobre a educação continua na medida em que é preciso não descuidar das singularidades regionais em países continentais como o Brasil. A Lei de Diretrizes e Bases da Educação Nacional (LDB) lida com esse enorme desafio.

Sabemos cada vez mais o que não queremos. Alguns exemplos triviais: não queremos sua majestade, o jovem consumidor, denunciado por conservadores assustados como o já citado Alain Finkielkraut; não queremos a criança sem limites, ainda que a noção de limite tenha chegado ao seu limite. Na França, estranhava ouvir pais reprendendo cidadãos de oito ou nove anos de idade com um sonoro *tu n'as pas le droit*, que poderia ser acompanhado de alguma medida menos republicana como um tapa ou um beliscão. Esse "tu não tens o direito" me soava demasiado forte para alguém, mesmo francês, ainda estranho ao espírito das leis, ao contrato social, aos ensinamentos de Rousseau e às noções de igualdade, liberdade e fraternidade. Era um confronto que me parecia precoce entre o "antigo regime" e os *enfants terribles* da modernidade ou da pós-modernidade. Chegava a temer que a insistência infantil levasse uma mãe a ordenar, feito a irrefletida Rainha de Copas de *Alice no País das Maravilhas*, "cortem-lhe a cabeça".

Não estou dizendo que os pais franceses me pareciam mais rigorosos do que os brasileiros, nem que as crianças francesas eram mais resistentes às reprimendas. O ponto em questão era o uso da palavra "direito". Uma mãe ou pai brasileiro possivelmente diria "para com isso, estou mandando". O complemento seria da mesma ordem. O que diria Platão sobre a educação em nossos dias? O que pensaria Isócrates? Esse tipo de especulação remete a outra, mais popular e frequente, sobre Pelé, que, segundo alguns, não conseguiria jogar, ou não seria Pelé, no futebol atual, de muita marcação e pouco espaço. O exercício consiste em imaginar Pelé viajando no tempo, mas sem assumir as condições desse novo tempo. Isso é justo? Ou, ao contrário, seria mais adequado ver o jogador com suas qualidades intrínsecas e as facilidades do novo espaço-tempo? Pelé no século XXI teria o condicionamento físico do século XXI, a alimentação, o treinamento, a bola, os gramados, a arbitragem, os cartões amarelos e vermelhos que não existiram durante a maior parte da sua carreira e que puniriam os que o caçavam em campo. Enfim haveria tantas vantagens que ele tenderia a ser melhor ainda e a superar todos os seus concorrentes. Essa posição "objetiva" não costuma ser compartilhada por argentinos.

Imaginemos Aristóteles com os instrumentos científicos de hoje, um telescópio poderoso, por exemplo, e sua capacidade de observação, ainda que ele tenha cometido erros sobre o número de dentes das mulheres e de costelas dos homens, o que não exigia equipamento especial para verificação, mas talvez algumas inspeções mais íntimas.[8] O que não faria Sócrates hoje com seu poder de questionamento somado aos desenvolvimentos da semiótica, da linguística e das neurociências! Tudo isso é delicioso de pensar. Especular e comparar são prazeres naturais. Todos reveriam alguns conceitos? Sobre escravidão, crianças, poesia etc.? Teriam de mudar o que entendiam por educação?

A concorrência entre as escolas na antiguidade era duríssima. Elas não só conviveram como disputaram alunos com propaganda e sedução. Os estoicos foram concorrentes difíceis de enfrentar quando os maiores mestres das cidades gregas da

---

8. DURANT, Will. *A história da filosofia*. Rio de Janeiro: Record, 1991, p. 70.

idade de ouro já eram apenas ideias ou, quem sabe, estrelas iluminando algumas mentes antenadas. Vida que seguia. Cada escola vendia seus conceitos e seu modelo de vida em pacotes fechados. Esgotados os momentos mais originais, sobreviria o ecletismo como opção combinatória. A ideia de pós-modernidade também é eclética e também sofre críticas de perspectivas menos porosas ou barrocas. Andamos em círculos? A história das ideias e da educação é cíclica? Será o complexo universo do pensamento semelhante a certas modas de estação do *prêt-à-porter*, que vão e voltam com adaptações, incorporações, ajustes, novos e belos cortes (epistemológicos)?

*Prêt-à-penser? Prêt-à-changer?* Sem preconceitos nem generalizações indevidas. Há o que não volta por ter sido superado pelo avanço do conhecimento. O modelo geocêntrico não retomará o seu lugar no centro do universo. Ptolomeu não desbancará Copérnico numa virada histórica com direito a cobertura ao vivo na mídia internacional, inclusive em streaming. Apesar dos delírios terraplanistas, a Terra não voltará a ser um tapete estendido no espaço. Galileu hoje ganharia o Nobel e capas da *Nature* e da *Science*. Mendel e Darwin não serão cancelados ainda que seitas criacionistas pululem na internet profunda e na realidade mais superficial possível.

A educação pode muito, mas não tudo. A psicologia comportamentalista acreditou que tudo era questão de condicionamento. Não se pode criar o desejo que não existe. Educação e condicionamento não são a mesma coisa, embora essa confusão tenha uma longa história. Difícil não se impressionar com a história de David Reimer, que se matou, nos Estados Unidos, em 2004. Batizado, em 1965, como Bruce Reimer, seria vítima de um erro médico, numa tentativa de circuncisão, que lhe deixaria uma lesão irreversível no pênis. O psiquiatra John Money, cujo nome parece um exemplo de mau humor ou de trocadilho infame, aconselharia os pais a castrá-lo e a criá-lo como menina. Assim foi feito. Bruce tornou-se Brenda. Educado como menina, ao lado de um irmão gêmeo, revoltou-se pela primeira vez aos quatro anos de idade e rasgou suas roupas femininas. Por um lado, não se pode negar a compreensão precoce da força dos papéis socialmente construídos e disseminados. Por outro lado, a narrativa do autor pode ter naturalizado um tanto os papéis atribuídos a cada gênero.

Na adolescência, Brenda começou uma transição. Adotou o nome de David: "Bruce/Brenda/David – o menino que se tornou menina, que se tornou homem – continuou a ricochetear entre devastadoras crises de ansiedade, raiva, negação e depressão".[9] Educar é tornar livre, não adestrar para esta ou aquela finalidade. Mukherjee observa o "consenso crescente" na medicina e na ciência segundo o qual "deve-se atribuir a uma criança o seu sexo *cromossômico* (isto é, genético), independentemente de variações e diferenças anatômicas – com a opção de troca, se desejado, em fase posterior da vida". E conclui: "Até a data em que escrevo estas palavras, nenhuma dessas crianças optou por trocar o sexo que os genes lhe atribuem".[10] Nada a ver com imposição do sexo anatômico. Uma pessoa pode ser anatomicamente de um sexo e cromossomicamente de outro. A genética não explica tudo. O ambiente e a cultura tampouco. Esse é um dos aspectos fundamentais mais discutidos nesse livro sobre a história dos genes tão explorado por mim aqui.

Comentário em forma de alerta que merece ser destacado:

> A existência de uma identidade transgênero depõe com eloquência em favor dessa cascata genes-desenvolvimento.

---

9. MUKHERJEE, 2016, p. 429.
10. MUKHERJEE, 2016, p. 432.

Em um sentido anatômico e fisiológico, a identidade sexual é binária: apenas um gene governa a identidade sexual, o que resulta no notável dimorfismo anatômico e fisiológico que observamos entre machos e fêmeas. Mas o gênero e a identidade de gênero estão longe de ser binários. Imagine um gene – vamos chamá-lo de TGY – que determine como o cérebro responde a SRY (ou a algum hormônio ou sinal masculino). Uma criança pode herdar uma variante do gene TGY que seja muitíssimo resistente à ação de SRY no cérebro, e o resultado será um corpo de anatomia masculina, mas um cérebro que não lê ou não interpreta o sinal para a masculinidade.[11]

A educação na escola da complexidade e da diversidade não pode esconder que "o gênero e a identidade de gênero estão longe de ser binários". Do ponto de vista dos papéis sociais, não se nasce mulher nem homem. A ideia de que mamãe ficava em casa e a papai saía para trabalhar era cultural. Geneticamente não é menos complexo. Mukherjee define sexo como os "aspectos anatômicos e fisiológicos do corpo feminino ou masculino", gênero como "os papéis psíquicos, sociais e culturais que um indivíduo assume" e identidade de gênero como o "sentimento que o indivíduo tem de si mesmo" em relação ao sexo.[12] Ter essa consciência ou essa leitura nada tem a ver com os delírios da extrema direita sobre "ideologia de gênero" e promoção de comportamentos *sexualizantes* considerados indevidos. A ciência não encontrou o "gene gay", como Dean Hamer e outros procuraram, mas gerou muito conhecimento sobre os elementos que incidem sobre a sexualidade. Nada daquilo que constitui a

---

11. MUKHERJEE, 2016, p. 433.
12. MUKHERJEE, 2016, p. 419.

complexidade do humano e que afeta a sua vida pode ser estranho aos espaços de formação da humanidade.

Uma pergunta importante aproxima genética e educação: "Por que gêmeos idênticos criados em lares e famílias idênticos acabam tendo vidas tão *diferentes* e se tornando pessoas tão diferentes?".[13] O autor enfatiza, relativizando aqui ou ali: mesma escola, mesma comida, mesmos livros, mesma cultura, mesmos amigos e "inconfundivelmente diferentes". Provocação: um de esquerda, outro de direita. Machado de Assis, sempre genial, tratou disso em *Esaú e Jacó*, romance que tem gêmeos como protagonistas: um é republicano, o outro, monarquista.[14] Afinal, o que desafia os genes e a cultura (educação)? Para Mukherjee, pesquisas apontaram uma "resposta poderosa e consistente": o acaso. Como assim? "Doenças. Acidentes. Traumas. Gatilhos. Um trem perdido, uma chave extraviada, um pensamento suspeito [...] Virar uma esquina em Veneza e cair em um canal. Apaixonar-se. O acaso."[15] Imprevistos.

Na era da complexidade, o acaso incomoda muita gente, não só geneticistas com propensão à programação de indivíduos perfeitos. No futebol, minha metáfora sempre na ponta do pé, jovens comentaristas estranhamente deterministas, como se vivessem no século XIX, pretendem que tudo ocorra a partir da tática planejada pelo treinador. Em campo, o acaso deita e rola. Por que o jogador errou o gol feito? Por que o jogador que entrou para reforçar a marcação, faltando cinco minutos para terminar a partida (Fred no jogo que desclassificou o Brasil na Copa do Mundo do Catar, em 2022, contra a Croácia), resolveu

---

13. MUKHERJEE, 2016, p. 456.
14. ASSIS, Joaquim Maria Machado de. *Esaú e Jacó*. W. M. Jackson: Rio de Janeiro, São Paulo, Porto Alegre, 1957.
15. MUKHERJEE, 2016, p. 457.

atacar? Ele não havia sido treinado (leia-se adestrado, condicionado, educado) para cumprir sua função? A oportunidade surgiu. Ele a seguiu. Quantas vezes o gol, como nesse mesmo jogo, o lindo gol de Neymar, surge justamente do inesperado, do drible que parecia impossível, do que não pode ser treinado, do que escapa a qualquer planejamento?

A proposta então é deixar o acaso se encarregar da educação das pessoas? Entregar ao popular "Deus dará"? Obviamente que não. Uma escola da complexidade e da diversidade, porém, precisa saber que a criatividade, certamente a maior qualidade e o maior capital do mundo atual e futuro, não pode ser entregue pronta como uma pizza. Ela é produto do talento pessoal e da exposição a múltiplos estímulos, entre os quais os cruzamentos imprevistos por força das circunstâncias.

## 29
# Passado e presente do futuro

O futuro, segundo Ailton Krenak, será ancestral: "Os rios, esses seres que sempre habitaram os mundos em diferentes formas, são quem me sugerem que, se há futuro a ser cogitado, esse futuro é ancestral, porque já estava aqui".[1] Essa perspectiva paradoxal tem o charme e a sabedoria da desaceleração em alta voltagem. Precisamos voltar às raízes, cuidar da nossa casa comum, abraçar o planeta. Uma nova aliança com a natureza terá de ser feita. Afinal, o ser humano faz parte dela, embora venha atuando como seu inimigo interno. Aprender a ser o que se foi faz parte dessa complexidade que se nutre de diversidade. Pensar assim tem suas consequências. Não se pode dizer que o olhar de Krenak sobre o sistema educativo seja positivo, tampouco que seja irrealista: "Já no primeiro período da vida, todo um aparato de recursos pedagógicos é acionado para moldar a gente".[2]

Toda cultura, porém, tem a sua moldura. O problema começa quando há cada vez menos espaço de liberdade, fazendo da moldura um molde inflexível ou asfixiante. Krenak e Michel Maffesoli encontram-se na crítica ao futurismo, ideologia das

---

1. KRENAK, Ailton. *Futuro ancestral*. São Paulo: Companhia das Letras, 2022, p. 11.
2. KRENAK, 2022, p. 93.

projeções, do progresso como visão de mundo e da desvalorização do aqui e agora. O presente assusta por não poder ser nomeado como uma ausência. O futuro tem a magia das promessas: "No lugar de *produzir* um futuro, a gente deveria recepcionar essa inventividade que chega através das novas pessoas". Para esse grande intelectual dos povos originários, na confluência com Paulo Freire, em vez de tratar as crianças como "embalagens vazias que precisam ser preenchidas"[3], deve-se aprender com elas, beber a novidade que carregam e despejam no mundo. Para ele, as "famílias ocidentais em contexto urbano supervalorizam o sistema de educação".[4]

A afirmação é contundente. Segundo Krenak, deve-se prestar mais atenção a uma campanha da ativista ambiental Greta Thunberg, "que instiga os jovens contra o mundo adulto, dizendo que eles não vão à aula naquela semana, pois, afinal, a escola não tem tanta importância assim".[5] Como assim? Será? Estamos prontos para aceitar a provocação como verdade? Ele conclui que "precisamos fazer uma revolução do ponto de vista da educação".[6] Abolir a escola? Não creio. Reinventá-la para que seja uma escola da liberdade, da criatividade e da diversidade. Aprender com nossos povos originários que não é importante educar para formar campeões disso e daquilo: "O que nossas crianças aprendem desde cedo é colocar o coração no ritmo da terra".[7] Vários ritmos coexistem.

Cada época com sua escola, isto é, com sua forma de formar. Cada cultura com seu tempo, ou seja, com sua velocidade

---

3. KRENAK, 2022, p. 100.
4. KRENAK, 2022, p. 105.
5. KRENAK, 2022, p. 106.
6. KRENAK, 2022, p. 109.
7. KRENAK, 2022, p. 118.

de processamento das informações. O capitalismo e o socialismo do leste europeu ou da Ásia coincidiram na perspectiva produtivista: moldar para o trabalho mensurável e cumulativo: *homo faber*. A escola do socialismo real foi e continua sendo uma escola da disciplina, da obediência e da inculcação da ideologia do modelo em questão. A escola do capitalismo tem sido o instrumento de formação de vencedores, ou seja, preparação para a ideologia do sistema. Dificilmente, contudo, a humanidade desistirá da sua instituição mais recorrente, a escola, que passará por novas revoluções. Não poderá se resumir à evocação de um paraíso perdido nem à projeção de uma sociedade perfeita. De certo modo, o presente dos dilemas escolares não é novo. Shakespeare faz seu amoroso e lendário Romeu dizer: "O amor corre para o amor, como os escolares fogem dos livros; mas o amor se afasta do amor, como as crianças se dirigem para a escola com os olhos entristecidos".[8]

Como se vê, no século XVI a escola já não encantava. Vale lembrar que a bela Julieta, tão determinada no seu amor à primeira vista, não tinha catorze anos feitos e que outras mais jovens, segundo essa incontornável e bela tragédia, já eram mães felizes. A vida adulta chegava tão cedo que a infância era uma miragem. O paradoxo da escola, de todo modo, ainda consiste em pedir a crianças e jovens um instante de atenção quando tudo as atrai, distrai, retrai e afasta. O futuro terá de ser novo e antigo, radioso e sereno como um dia na vida dos seres humanos em paz, um presente capaz de incorporar legados ancestrais, utopias e prazer. A escola da complexidade e da diversidade tem de ser aquela em que os alunos correm para as salas de aula com os olhos brilhando de curiosidade e alegria. Não é de

---

8. SHAKESPEARE, William. *Romeu e Julieta*. São Paulo: Abril Cultural, 1979, p. 45.

duvidar, contudo, que sempre vá existir algum descompasso entre o tempo da escolarização e o tempo da infância e da juventude. Afinal, um, com todas as revoluções, é o tempo de alguma concentração e o outro, apesar de todas as moldagens, é o tempo de todas as evasões, fugas, escapes e criações. Como diz Krenak, "a vida não é útil".[9]

Aprender a amar uns aos outros, a valorizar as diferenças, a construir um mundo de tolerância e a cuidar da casa comum requer uma escola de tempo integral, o tempo da integralidade do ser, para além do ter e do parecer. A escola da complexidade e da diversidade é verde, mas também tem as cores do arco-íris, tudo nela se abre ao colorido do mundo, ao branco, ao preto, à energia do sol, do vento, à fluência dos rios, ao suave balançar das estações e dos sonhos. Pieguice? Conta-se que o amor foi chamado de piegas. Desiludido, afastou-se pelo tempo que a dor lhe permitiu, deixando frestas pelas quais entraram sentimentos menos nobres e nunca acusados de pieguice.

Precisamos revolucionar a revolução, transformando-a em metamorfose, para que o amanhã não tenha os preconceitos do passado, que por agora se chama presente, nem suas desigualdades cruéis.

O futuro está na escola.

---

9. KRENAK, Ailton. *A vida não é útil*. São Paulo: Companhia das Letras, 2020.

# Referências

ALENCAR, José de. *Cartas a favor da escravidão*. São Paulo: Hedra, 2008.
ALENCAR, José de. *Iracema* [1865]. São Paulo: Ática, 1983.
ASSIS, Joaquim Maria Machado de. *Memórias póstumas de Brás Cubas*. W. M. Jackson: Rio de Janeiro, São Paulo, Porto Alegre, 1957.
ASSIS, Joaquim Maria Machado de. *Esaú e Jacó*. W. M. Jackson: Rio de Janeiro, São Paulo, Porto Alegre, 1957.
BALZAC, Honoré. *Os jornalistas*. Rio de Janeiro: Ediouro, 1999.
BEAUVOIR, Simone de. *O segundo sexo*. Rio de Janeiro: Nova Fronteira, 1949.
BENJAMIN, Walter. *Obras escolhidas – magia e técnica, arte e política*. São Paulo: Brasiliense, 1985.
BENJAMIN, Walter. *Passagens*. Belo Horizonte: UFMG, 2007.
BLOOM, Allan. *O declínio da cultura ocidental*. Rio de Janeiro: Best-Seller, 1989.
BAUDELAIRE, Charles. *Flores do mal [o amor segundo Charles Baudelaire]*. Tradução de Juremir Machado da Silva. Porto Alegre: Sulina, 2008.
BAUDRILLARD, Jean. *A transparência do mal – ensaio sobre os fenômenos extremos*. Campinas: Papirus, 2004.
BAUDRILLARD, Jean. *Tela total: mito-ironias da era do virtual e da imagem*. Porto Alegre: Sulina, 1999.
BOURDIEU, Pierre. *Sobre a televisão*. Rio de Janeiro: Jorge Zahar, 1997.

DEBORD, Guy. *A sociedade do espetáculo*. Rio de Janeiro: Contraponto, 1997.
DURAND, Gilbert. *As estruturas antropológicas do imaginário*. São Paulo: Martins Fontes, 2001.
DURANT, Will. *A história da filosofia*. Rio de Janeiro: Record, 1991.
ECO, Umberto. *Viagem na irrealidade cotidiana*. Rio de Janeiro: Nova Fronteira, 1984.
ECO, Umberto. *Apocalípticos e integrados*. São Paulo: Perspectiva, 1979.
ELIOT, T.S. *Poesia*. Rio de Janeiro: Nova Fronteira, 1963.
ERNAUX, Annie. *O jovem*. São Paulo: Fósforo, 2022.
FEYERABEND, Paul. *Contra o método*. Rio de Janeiro: Francisco Alves, 1977.
FINKIELKRAUT, Alain. *A derrota do pensamento*. Rio de Janeiro: Paz e Terra, 1988.
FOUCAULT, Michel. *Vigiar e punir, história da violência nas prisões*. Petrópolis: Vozes, 1977.
FREIRE, Paulo. *Pedagogia do oprimido*. Rio de Janeiro: Paz e Terra, 1987.
FREYRE, Gilberto. *Casa Grande & Senzala*. Rio de Janeiro: José Olympio, 1961.
FURET, François. *O passado de uma ilusão*. São Paulo: Siciliano, 1995.
GADAMER, Hans-Georg. *Verdade e Método*. Petrópolis: Vozes, 2008, volumes 1 e 2.
GULLAR, Ferreira. *Na vertigem do dia*. São Paulo: Companhia das Letras, 2017.
HARARI, Yuval. *Homo Deus: uma breve história do amanhã*. São Paulo: Companhia das Letras, 2016.
HARARI, Yuval. *Sapiens: uma breve história da humanidade*. Porto Alegre: L&PM, 2015.
HEIDEGGER, Martin. *Ensaios e conferências*. Petrópolis: Vozes, 2001.
HOUELLEBECQ, Michel. *Aniquilar*. Rio de Janeiro: Alfaguara, 2022.

JAEGER, Werner. *Paideia, a formação do homem grego*. São Paulo: Martins Fontes, 1975.
KANT, Emmanuel. *Crítica da razão pura*. Lisboa: Fundação Calouste Gulbenkian, 2001.
KUHN, Thomas. *As estruturas das revoluções científicas*. São Paulo: Perspectiva, 2013.
KRENAK, Ailton. *Futuro ancestral*. São Paulo: Companhia das Letras, 2022.
KRENAK, Ailton. *A vida não é útil*. São Paulo: Companhia das Letras, 2020.
KRENAK, Ailton. *Ideias para adiar o fim do mundo*. São Paulo: Companhia das Letras, 2019.
LÉVY, Pierre. *A inteligência coletiva. Por uma antropologia do ciberespaço*. Rio de Janeiro: Loyola, 2003.
LIPOVETSKY, Gilles. *Metamorfoses da cultura liberal*. Porto Alegre: Sulina, 2004.
LYOTARD, Jean-François. *O pós-moderno*. Rio de Janeiro: José Olympio, 1986.
MAFFESOLI, Michel. *Elogio da razão sensível*. Petrópolis: Vozes, 2001.
MAFFESOLI, Michel. *O tempo das tribos: o declínio do individualismo nas sociedades de massa*. Rio de Janeiro: Forense, 1987.
MAFFESOLI, Michel. *À sombra de Dionísio*. Rio de Janeiro: Graal, 1985.
MAFFESOLI, Michel. *A conquista do presente*. Rio de Janeiro: Rocco, 1984.
MCLUHAN, Marshall. *Os meios de comunicação como extensões do homem*. São Paulo: Cultrix, 2006.
MILL, John Stuart. *Sobre a liberdade*. Porto Alegre: L&PM, 2016.
MLODINOW Leonard. *Subliminar, como o inconsciente influencia nossas vidas*. Rio de Janeiro: Zahar, 2018.
MONTAIGNE, Michel. *Ensaios*. São Paulo: Nova Cultural, 1996.
MORIN, Edgar. *Les Leçons d'un siècle de vie*. Paris: Denoël, 2021.

MORIN, Edgar. *Introdução ao pensamento complexo*. Porto Alegre: Sulina, 2015.

MORIN, Edgar. *O método 4 – as ideias*. Porto Alegre: Sulina, 2008.

MORIN, Edgar. *O método 6 – a ética*. Porto Alegre: Sulina, 2007.

MORIN, Edgar. *Os sete saberes necessários à educação do futuro*. São Paulo: Cortez, 2000.

MORIN, Edgar. *O método 3: o conhecimento do conhecimento*. Porto Alegre: Sulina, 1999.

MORIN, Edgar; BAUDRILLARD, Jean; MAFFESOLI, Michel. *A construção do presente e a decadência do futuro*. Florianópolis: Editora da UFSC, 1993.

MORIN, Edgar. *As estrelas*. Rio de Janeiro: José Olympio, 1989.

MUKHERJEE, Siddhartha. *O gene: uma história íntima*. São Paulo: Companhia das Letras, 2016.

MUSSE, Christina; LARANGEIRA, Álvaro; SILVA, Juremir Machado da. *1968: de maio a dezembro: jornalismo, imaginário e memória*. Porto Alegre: Sulina, 2018.

NABUCO, Joaquim. *O abolicionismo*. Rio de Janeiro: Nova Fronteira, 2000.

NERUDA, Pablo. *Confesso que vivi*. São Paulo: Difel, 1974.

PAGOTTO-EUZEBIO, Marcos Sidnei; ALMEIDA, Rogério. *Introdução à filosofia da educação*. São Paulo: Edusp, 2022.

PLATÃO. *Fedro*. São Paulo: FSP, 2010.

POPPER, Karl. *Conjecturas e refutações*. Brasília: UNB, 1972.

SALDANHA, Benedito. *Apolinário Porto Alegre: a vida trágica de um mito da província*. Porto Alegre: Nova Prova, 2008.

SARTRE, Jean-Paul. *Entre quatro paredes*. Rio de Janeiro: Civilização Brasileira, 2011.

SCRUTON, Roger. *Beleza*. São Paulo: É Realizações, 2013.

SHAKESPEARE, William. *Tragédias*. São Paulo: Abril Cultural, 1979.

SILVA, Juremir Machado da. *A sociedade midíocre: passagem ao hiperespetacular, o fim do direito autoral, do livro e da escrita*. Porto Alegre: Sulina, 2012.

SILVA, Juremir Machado da. *O que é o imaginário*. Porto Alegre: Sulina, 2017a.

SILVA, Juremir Machado da. *Raízes do conservadorismo brasileiro: a escravidão na imprensa e no imaginário social*. Rio de Janeiro: Civilização Brasileira, 2017b.

SILVA, Juremir Machado da; CLOTET, Joaquim (orgs.). *As duas globalizações: complexidade e comunicação, uma pedagogia do presente*. Porto Alegre: Edipucrs, 2001.

SILVA, Juremir Machado da. *Visões de uma certa Europa*. Porto Alegre: Sulina, 1998.

SILVA, Juremir Machado da. *O pensamento do fim do século*. Porto Alegre: L&PM, 1993.

TURNER, Victor. *O processo ritual*. Petrópolis: Vozes, 1974.

WEBER, Max. *Ciência e política: duas vocações*. São Paulo: Martin Claret, 2003.

WITTGENSTEIN, Ludwig. *Tratado lógico-filosófico – Investigações filosóficas*. Lisboa: Fundação Calouste Gulbenkian, 1987.

WOLTON, Dominique. *Comunicar é negociar*. Porto Alegre: Sulina, 2023.

WOLTON, Dominique. *Informar não é comunicar*. Porto Alegre: Sulina, 2009.

lepmeditores

**www.lpm.com.br**
o site que conta tudo

Impresso na Gráfica COAN
Tubarão, SC, Brasil
2023